凡事大而化之可能痛失良機！讓細節觀成就你的大局觀

就是要小題大作

DETAIL

SUCCESS

龜毛一點
又怎麼樣？

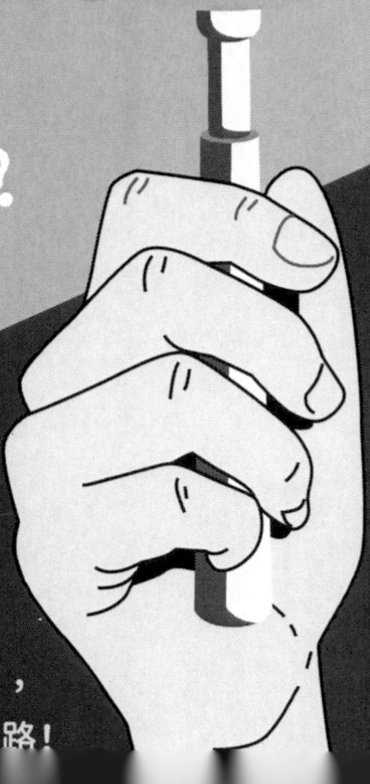

子陽，殷仲桓 著

天才是1%的天分
加上99%的努力，
掌握細節讓你只花1%的努力
就得到99%的成功！

事業、愛情、生活，
每天多想一點點，
讓你重新建構自己的完美人生！

快跟著本書「小題大作」，
一起發現百百種成功之路！

目錄

目錄

第四章 小習慣打造出不一樣的你

目錄

第三部分　情感篇

第四部分　人生篇

第七章　小策略讓你活得無悔

第八章　小念頭帶你找到人生新境界

目錄

作者序：注重小事不會與成功失之交臂

在現代社會中，想做大事的人不少，忽略小事的人也越來越多，很多人一開始就有好高騖遠的想法和做法，只想做大事，不想做小事。然而，不積跬步無以至千里，不積小流無以成江海，一屋不掃，何以掃天下呢？

要想成就美好的一生，就不應該忽略一生中的一些小事，只有先把這些小事做好，你才能少很多的阻礙，才會感受到生活的美好。

著名科學家戴維（Sir Humphry Davy）是法拉第（Michael Faraday）的老師，他們一起在英國皇家學院工作。當奧斯特（Hans Christian Ørsted）發現通電導線會產生磁場，能引起導線旁的磁針發生偏轉時。這時，另一位科學家沃拉斯頓（William Hyde Wollaston）想到，既然電能產生磁場，那麼磁場會不會產生出電流呢？於是，很聰明，他想電能讓磁動，磁為何不能讓電動呢？沃拉斯頓和戴維一起做起了這個實驗研究，法拉第在一旁做助手，他們在一個大磁鐵旁放一根通電導線，看它會不會旋轉，可是實驗了很多次，都失敗了。

序言

有一次，法拉利一個人在河邊散步，他看見一個十歲左右的小孩，竟然能夠很輕鬆地划動巨大的竹筏。這件小事令法拉利茅塞頓開，他想到實驗中導線不能轉動的原因，是由於綁得太緊的緣故。於是，他將一根磁棒固定在了水銀缸，然後在磁棒旁邊漂一塊軟木，軟木上插一根銅線，再接上燈泡。果然，銅線在上下漂浮的過程中，銅線產生了電流，小燈泡亮了。正因為這個小細節上的改變，讓他成為聞名世界的科學家。

原來，法拉第是釘書工出身，平時養成了注重小事的習慣。無論每次實驗成功與否，他都會把任何小事記錄下來。而他的老師戴維因為對小細節的忽視，錯過了磁能生電這一劃時代的偉大發現。

世界上許多驚世駭俗的成就，往往都是因為注重一些小細節、小事情而獲得的。所以說，不注重小事情也會與成功失之交臂。但凡事業有成的人，都是嚴謹細緻、粗中有細，他們從來不會忽略身邊的各種小事。因為他們懂得小事是做大事的基礎，要從小事中獲得做大事的經驗。

人的一生不一定會做成幾件大事，但是肯定會做許多小事，因此我們只有不忽略縈繞在我們身邊的這些小事，才會讓自己生活得更加圓滿，讓自己的人生更加豐富多彩。

然而，小事也是有千千萬萬種，不同的小事對我們的人生會產生不同的影響，因此我們認清哪些小事是我們不能忽略的，才會在今後的生活中多加注意，多留心。

本書從事業、生活、情感和人生四大方面，介紹一生中不可忽略的一些小事，希望讀者能夠領悟到做小事的意義，能夠舉一反三，從而成就自己，成就美好的一生。

序言

第一部分　事業篇

人人都希望事業上成功，但一個小的差錯就有可能讓你謬以千里。所以，你有必要把握事業上的點點滴滴，才能滴水不漏，打穩事業的基礎。

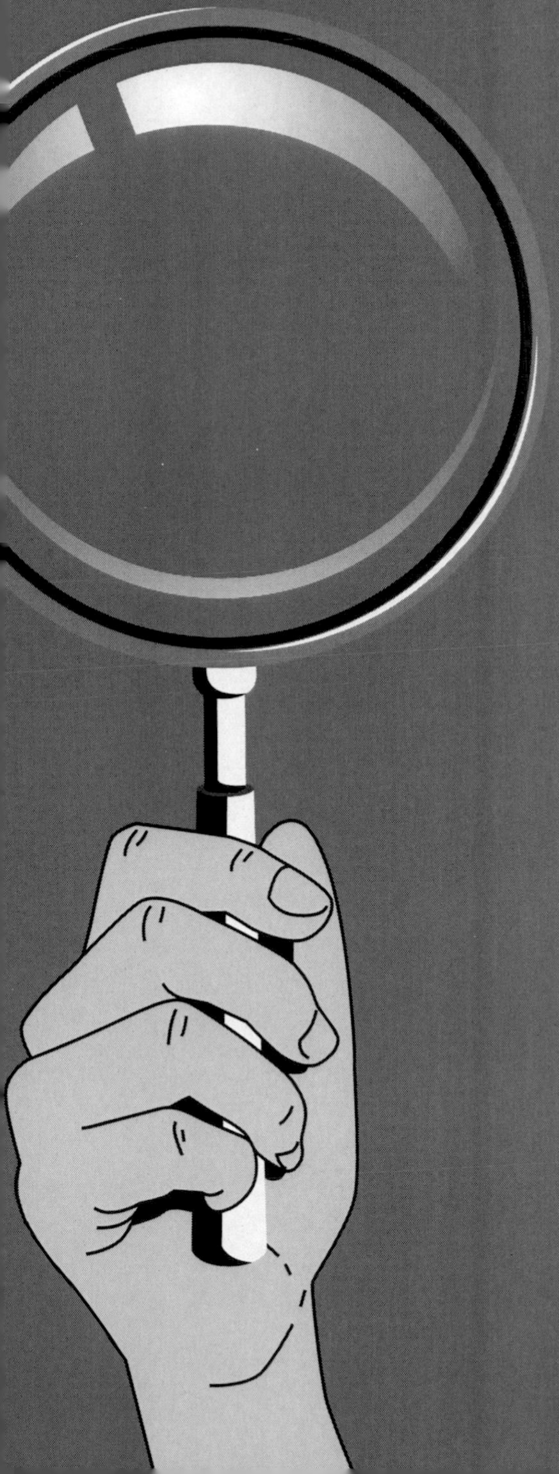

第一章　小事情能揚起事業的風帆

如果你是在職場，你注意到那些影響你升遷加薪的小事了嗎？它們會讓你的前程似錦或者不盡如意。

小小電話簿的作用

生活中，我們往往聽到這樣的感嘆：總是想做一番事業，可是苦於找不到可靠的門徑，看到別人開公司輕鬆賺大錢，輪到自己，卻是總是碰壁，甚至最後落個賠了夫人又折兵的下場。

這時，你或許懷疑自己的能力，同樣一件事情，別人做為什麼就能夠輕而易舉成功；同樣的事業，別人做起來總是順風順水，輪到自己的時候，卻是困難重重，舉步維艱。可能這時，你會感到自己的確實能力有限，甚至認為自己根本就不是做大事的那塊料。

其實不然，你之所以認為英雄無用武之地，那是因為你沒有注意大事中的小事。再大的事情，也是從每一件小事開始的，做好大事中的小事，做好大事中別人沒有注意到的小事，那麼你離成功也就不遠了。

下面就是一個很好的案例：

在一九七〇年代，隨著日本經濟的快速發展，人口流動的加速，搬家成為當時日本非常賺錢的行業。一時間，各式各樣的搬家公司如雨後春筍般冒出。

深田美子是一位剛從東京大學畢業的高材生，畢業後任職於東京一家運輸公司，當了一名財務會計，過起了朝九晚五的生活，成為了一名都市白領。

然而，隨著日本本土資源有限，當時比較賺錢的運輸業隨著石油危機的爆發由盛轉衰，公司破產倒閉了，而深田美子也失業了。

為了生存，深田美子重新四處找工作，可是找了幾家公司，都不太理想。深田美子心想，如果隨便找一份工作，那麼還是不能擺脫將來可能會失業的命運，於是一個想法在深田美子心裡誕生了：與其找工作，不如自己去創業。

年輕的深田美子大學時候就有自己創業的夢想，可是她看到身邊同學朋友們創業的艱難和失敗，深田美子才放棄最初的夢想，畢業後找了一份穩定的工作。如今，深田美子失業了。找不到好工作，還不如自己創造一份工作。

正當深田美子仍為今後生計煩惱時，報紙上一條簡短的消息引起了她的注意。消息中說，日本關西地區每年搬家開支四百億日元，其中大阪市就有一百五十億日元。於是，深田美子把眼光瞄準了眼下最熱門的搬家行業，希望能夠從中分一杯羹，賺取人生的第一桶金。可是，此時日本大阪已經有很多家搬家公司，自己早已經失去了先機。

搬家的市場雖然相當大，可是怎樣才能把成千上萬分散的住戶吸引過來呢？深田美子一下陷入了困境之中，沒有客戶就等於沒有了一切。就在她苦惱之時，一件小事引起了深田美子的注意，一下給了她靈感。

她在查詢電話簿的時候，發現日本的電話簿是按行業分類的，在同一行業內，企業的排列是以日語字母為序。那麼，客戶在搬家的時候，肯定會在電話簿上找運輸公司的電話。於是，她將自己的公司取名為「阿托搬家中心」，使它在同行業中名列首位，搬家客戶在查找時就會第一個發現它。接著，深田美子又在電話局的空白號碼中，選了一個讓人過目不忘的號碼：〇一二三。

果然，公司剛開張，就有很多的顧客都打電話提前預約搬家，一開門生意就漸入佳境，這讓深田美子欣喜不已，同時也讓深田美子發現，想要打敗那些知名的搬家公司，就必須從一些小事上去打敗他們。

於是，深田美子對大阪市的搬家公司進行了全面的了解，結果發現這些搬家公司都存在一些詬病。於是，深田美子對搬家技術進行了一系列革新，設計了一輛搬家專用車，把家用器具裝在這種車上，既安全可靠，又不會被路人看見，這讓很多客戶都喜歡。

此外，深田美子還提供與搬家有關的服務，比如，因搬家過程中，打擾左鄰右舍，她代替客戶送給鄰居一些點心或麵條，以表歉意。在搬家完成後，阿托搬家中心還為顧客提供消毒、清掃服務、修理門窗家具等服務。

雖然這些都是一些小事情，但是深田美子都認真做。正是由於這些細節上的成功，讓深田美子的搬家公司很快美名遠揚，贏得了非常好的口碑。因此，她的訂單也越來越多，生意越來越好，甚至是應接不暇。很多人只要搬家，首選深田美子的阿托搬家中心。

不到兩年的工夫，深田美子的阿托搬家中心就占領了大阪市九成的搬家市占率。深田美子十分重視自己公司的小事情，把它作為增強與對手競爭能力的重要方法之一。阿托搬家公司以其優質服務和細心的經營，得以在日本眾多的搬家公司中脫穎而出，成為了日本最著名的一家搬家公司。

其實，很多時候，我們總想著做大事情，想著要超越別人，以致於忽略了身邊的小事情。深田美子的成功源於她在小事情上的重視，因為剛剛創業的她是沒有辦法和那些知名的搬家公司競爭，那麼要想能夠生存下去，就要去做那些搬家公司沒有做到的小事。

【小提示】

一個小小電話簿是平日司空見慣的，正是這個小小電話簿成為了深田美子的成功第一步。因此，我們要擦亮自己的眼睛，放亮自己的眼光，從身邊那些毫不起眼的小事尋找機會，這是能成功的前提。

從大事中做細節

生活是由無數平凡的一天組成的，人也是在這無數平凡的一天中創造不平凡的人生。大事也是如此，大事是由很多細小的細節經由一定的組合砌成的。

因此，一個做大事的人，都會認真地把大事中的細節做好，做到面面俱到，從不讓身邊的一些細節疏漏，不讓一個小細節而影響到大事的正常進展。

小珠身為一個女人，又是國際企業的總裁，面對這麼龐大的企業，更要有一套合理細緻的管理。在小珠的頭腦裡，細節的重要成為企業成敗的關鍵，她認為凡是要做大事的人，成也細節，敗也細節。

小珠在推行管理模式時，非常注意對細小事情的關注。比如，要在今天下午開一個年終檢討會，那麼前兩天她就會安排把年終獎發給大家，這個時候發錢是恰到好處的：中午發了獎，大家情緒正高昂的時候，那麼公司有什麼新要求，員工們大都會積極配合聽從。如果是提前兩個禮拜或拖兩個禮拜發錢，檢討會肯定什麼效果也沒有。

在其他企業中，像這麼點小事，一般總裁都不會親自過問的，交給下屬部門就可以了，而自己只要在尾牙上發個言就可以了。

另外，小珠還會親自看一下這一年的薪資的平均值，以及每一個部門的績效情況，另外還會瀏覽員工每個月工作情況。根據這些不同的情況，年終獎的發放情況也不一樣，而不是像其他企業，大家發一個平均獎，每人新臺幣幾千元，草草了事。

小珠把公司分成三個層次：集團總部是決策中心，事業部是利潤中心，工廠是成本中心。雖然具體的事務讓下屬去做，但是並不等於最高領導者放開管理不問，天天只想什麼策略、決策、謀劃、創意。對於每個部門的事情，每一節環節，小珠都會過問，對一些枝微末節的事情一點也不放過，有時候因為工作忙，她不一定要親自去控管每一件事，但要保證企業的各項事務都有人去管，而且管得有條理、有效益。

小珠說：「一個企業要想變得強大，就必須在細小的事情上下功夫。如果我們的眼睛只盯著一些大事情，就很容易造成工作不細，長期下去，就會變得不切實際，狀況百出，失敗了不知錯在何處，成功了不知勝在何處，欲速則不達。」

所以，她的做事風格是，凡欲成就一件大事，事先都要做艱苦、周密的策劃，對過程還要進行嚴密的監控。

在公司，從上到下，從生產到管理、服務，每一個環節的控制方法儘管不同，卻都透出了一絲不苟的嚴謹，做到環環相扣，疏而不漏。如生產線的十個重點工序都有品質控制臺，每個品質控制點都有品質追蹤單，產品從第一道工序到出廠都建立了詳細檔案，產品到用戶家裡，如果出了問題，哪怕是一根螺絲釘，也可以憑著「出廠紀錄」找到責任人和原因。

「天下難事，必做於易；天下大事，必做於細。」任何人都不可否認的一個事實就是：最偉大的生命往往是由最細小的事物點點滴滴匯集而成的，大事業都是由這些小事情、看起來無足輕重的小環節以及那些過後不留一絲痕跡的細微經驗漸漸匯集成的。

【小提示】

如果你已經小有所成，或者想做更大的事業，那麼你必須要重視事業中的小環節、小細節，因為這些往往決定著你事業能否繼續發展，千里之堤毀於蟻穴，一個小小的螺絲可以決定機器的運轉與否，要想立於不敗之地，千萬別忽略了做事的細節。

小買賣賺大錢

相信在現實生活中，每一個想要成功的人都渴望做成大事業，希望可以養到一隻金雞母，然而抱著這些「大理想」的人，往往一事無成。到頭來，他們只能把自己的遠大理想變成了一種空想。

那是什麼原因呢？人們不是常說要「胸懷大志」嗎？如果你想成為一個著名的企業

家，那你一定希望能夠做生意能夠做大，賺大錢。這時，在你眼裡會看不起小生意，要賺大錢好像只能投資房地產、賣汽車。其實這種想法是大錯特錯的，看不起小買賣的人最後只會落得「大錢賺不著，小錢不會賺」的下場。

成功源於身邊的小事，一樁小生意裡很可能暗藏著大乾坤，一個不起眼的小買賣說不定就能讓你創造奇蹟。

范先生是一位華裔，早年跟隨父親遷居到了美國。然而，美國的職業競爭非常激烈，范先生一直都沒有找到自己理想的工作，於是想自謀財路，開闢一片天地。

范先生知道美國的著名企業太多，想要開一家同樣的公司，是無法與別人競爭的。思來想去，范先生一直找不到好的商機。一天，范先生去唐人街吃早點，忽然看到一家中國春捲店，然而這家春捲店的生意也不怎麼好。

范先生想起家鄉的春捲是非常受歡迎的，難道是美國人不喜歡吃春捲嗎？經過細心調查發現，原來是中國式的春捲不合美國人的胃口，中國人常用韭菜肉絲作為內餡，而不是採用符合美國人口味的內餡。

范先生靈機一動，想到為何不改變春捲的內餡呢。想到這一點，范先生決定先開一家春捲店，從小小春捲上做文章。果然，范先生做出來的春捲大受歡迎，雖然店面很小，但是生意就漸入佳境，來買他春捲的人往往要排很長的隊。

小店顧客絡繹不絕，很快為范先生累積了一筆資金，於是，他決定再開一家店面，擴大生意。

另外，有了充足的資金，范先生買了幾臺自動輸送帶，來代替以前的手工操作，投資興建了自己的春捲食品廠，還建了相配套的冷藏庫和豆芽工廠。

范先生的生意越做越大，春捲的口味也越來越多，連鎖店不僅開到美國各個州，而且還向其他國家出口。他針對各國人的不同口味，採用豆芽、牛肉絲、火腿絲、雞蛋或筍絲、木耳、雞絲、胡蘿蔔絲、白菜、咖喱粉、鮮魚等不同原料來製作，生產出來的春捲營養衛生、香脆可口，風格各異，因而深受世界各地人們的喜歡。

由於范氏春捲的產品品質優秀，服務一流。春捲經美國食品專家化驗鑒定後，美國政府決定每天向范先生訂購十萬卷只符合美國人口味的范氏春捲，以供給美國五萬名士兵食用。

一九八六年，墨西哥正在舉辦第十三屆世界盃足球賽的時候，世界各地的球迷忙於看球連吃飯都顧不上，但是這時范氏春捲卻大受歡迎，因為球迷可以一邊拿著春捲，一邊欣賞精彩的足球比賽。范先生抓住這個機會，狠狠地賺上了一大筆。

隨著生意規模越做越大，范先生開始向一些其他產業發展，形成了一條產業鏈，成立了范氏集團公司。

一個小小的春捲生意，讓范先生從默默無聞的小攤商一舉成為赫赫有名的大老闆。

可見，創造事業一定要從小買賣開始做起，尤其對於白手起家的人來說，更不能忽略身邊可以做的小買賣。

許多想做一番事業的人，渴望自己能成交大筆生意賺大錢，馬上就可以口袋滿滿，但那畢竟是口袋深的專利，口袋淺的人是望不可及的。

其實，身邊的小生意也可以帶來高利潤，小買賣一樣可以賺大錢，案例中的范先生就是從做小春捲這個小買賣起家，最後成了大富翁。

在日常生活中，身邊別人視若無睹的小商品中孕育著大商機，一些看起來是一件小買賣往往能夠成就大產業。如果你想成功，就應該從身邊的小事去細心動腦筋、去發現，那麼你的偉大事業也就成功地邁出了第一步。

【小提示】

很多時候，留心小事物就能抓住打開財富之門的鑰匙，因此小生意不但不能輕視，反而要更加重視，與其盲目地想做大生意，不如先著眼身邊的一些小買賣。當你把小買賣做好了，涓涓細流也可以匯成大海，把一點一滴累積起來也會成為一筆不小的財富，成就一個大事業。

瑣事中的致富經

人們常說，「一落葉而知天下秋」。意思是說秋風掃落葉，從一片樹葉的下墜，可以清楚地知道深秋的季節到了。

同樣的道理，生活中很多看似不起眼的瑣事，往往蘊藏著巨大的機會。尤其是在現代資訊社會裡，很多不起眼的瑣事，往往蘊藏著巨大的能量。生活中到處充滿資訊，很多成功的人士，都是從觀察生活中的小變化，見微知著，從而覓得了良機，成就了自己的一番事業。

在美國，有一位叫米奇的女士，她是公司的一位公關。可是，她卻常常為一件生活的小事煩心，就是她的長筒絲襪常常和她作對，總是不斷往下掉，尤其是在公共場合或在公司上班時，襪子掉下來總令她非常尷尬。有一次，她正在公司接待一個重要的客戶，可是就在這時，她的長筒絲襪滑了下來，這讓客戶非常不悅，客戶認為這個公司如此不重視禮儀細節，怎麼談得上產品品質。於是，客戶憤然離去。

由於損失了一筆重要的訂單，米奇被上司炒了魷魚。丟了工作的米奇忽然靈光一現：「掉襪子這樣令人煩惱的事，不只自己會有，只要是穿長筒襪的婦女也會有，那我為什麼不做這方面的生意呢？」

不久，米奇開了一家襪子店，專門賣那些不易滑落的襪子。雖然米奇開的這家襪子店不大，售出的襪子卻使很多婦女擺脫了絲襪滑落帶來的窘境。由於解決了人們穿襪子的麻煩事，因此生意非常地紅火。

後來，米奇看到這樣的襪子非常受歡迎，開始擴大經營襪子的種類，讓更多的女性朋友來光顧自己的襪子店。

米奇的店面越開越大，最後她竟然發展到了一百二十多家分店，遍布美、英、法等國家，而自己的襪子也成為了著名絲襪品牌。

還有一個例子。如今，我們看到市場上的奶瓶都是有把手的，這個小小的細節歸功於美國的哈里奇夫婦。

夫婦剛結婚不久，便生下了他們的第一個寶寶。由於母奶不夠，於是他們從超市買了一個奶瓶。可是，買的奶瓶太大了，嬰兒的手太小了，無法自己抱住奶瓶喝奶。每次餵奶的時候，都需要大人拿著奶瓶來餵奶。

有一天，寶寶的外祖父來看望他們，看到他們正在給小寶寶餵奶，嘴裡還在不停抱怨。外祖父聽了他們的抱怨，笑著說：「這樣餵奶多不方便呀，你把奶瓶給我吧，我回去把奶瓶兩邊焊上兩個把手」

原來，外祖父是燒焊產品的檢查員，第二天，外祖父拿來了帶著把手的奶瓶。有了把手，寶寶可以自己雙手握住奶瓶喝奶了，非常方便。

這件小事讓哈里奇夫婦看到了商機，他們設計出帶有把手的奶瓶，投放到各大超市中。結果一經推出就大受歡迎，產品供不應求，而市場那些沒有把手的奶瓶，一個也賣不出去了。

僅僅一個小小的改進，在兩個月內，哈里奇夫婦設計的奶瓶就賣出了五萬個。

在短短的一年時間內，他們收入一百五十萬美元。

哈里奇夫婦從不起眼的生活瑣事中，成為了一對成功的商人。

從上面的兩個小故事中不難看出，生活中的一些瑣碎的小事，也可以成就你的大事業。其實，任何成功的事業都是源自於生活，因為一切生產活動都是為生活而服務的，所以一切的商機與機遇都蘊藏在生活之中。

在日常生活中，成功者必須有不放過任何一件小事、見微知著的能力，這樣你才能有預見性的眼光，而只有擁有這種前瞻性的預測，才會準確地把握瑣事中隱藏的商機，才能進行準確的投資，做出精確的策略，從而得到你想要的成功。

【小提示】
一切商機源於生活，準確捕捉生活中一些瑣事是你想創業成功的關鍵因素，如果你想著把瑣事解決了，這意味著你找到了一個發財致富的機會，所以關注發生在周圍的瑣事，你一定會發現良機。

是顏色改變了世界

在很多渴望成功的人看來，要想突破事業的瓶頸，往往需要一些偉大的決策或者重要的變革，因此可以看到很多公司都有自己的企劃部，他們往往給公司提出一系列的企劃方案，寫出厚厚的一本改革方案。

然而，大動作未必能夠顯出成效，遠景規劃往往並沒有解決真正的危機。有時候，要想取得事業的成功，我們並不需要勞師動眾；有時候，身邊的一個小小的細節，往往是決定成敗的關鍵因素。正所謂四兩可以撥千斤，一個槓桿只要找到那個支點，同樣可以撬動整個地球。

一些小的細節，被人們忽略了，然而它卻造成了大問題，給我們帶來了大麻煩。如果我們靜下心來，從身邊的細節著眼，往往會得到意想不到的收穫。

電器公司東芝集團是日本一家最著名的電器企業，然而這個著名的企業也曾一度為自己的產品銷路煩惱。

一九五二年，東芝集團主打的電器產品是電扇。隨著一些電器公司的崛起，東芝生產的電扇占領的市場越來越小，倉庫裡積存的電扇越來越多，最後甚至到了堆積如山的地步。面對產品賣不出去，不論是公司的銷售部還是公司的決策高層們，都絞盡腦汁想了不少辦法，但是依然是效果甚微。在萬般無奈的情況下，東芝集團的創始人田中久重不得不採取了裁員計畫。

然而，裁員只能治標不治本，由於大量的電扇賣不出去，企業的資金周轉不過來，好幾條生產線被迫停工，公司到了岌岌可危的地步。如果再不想出好辦法，公司就很有可能面臨著倒閉的危險。

公司的行銷專家們制定出一個又一個銷售方案，有人認為要想賣出電扇，必須要向國外拓展市場，可是向國外拓展市場存在許多問題，不僅需要一大筆周轉資金，而且還具有很大的風險，更何況在目前情況下，公司處於低谷時期，一旦沒有打開國外市場，就會讓公司情況雪上加霜；而有的人認為需要研發出新一代電扇，雖然新一代的電扇或許能打開局面，可是需要一定的時間過程，並且研發的成本代價也很高，短時間內也收不到效果。

這些讓東芝集團的創始人田中久重一籌莫展。這天，田中久重下班回到家，一臉苦悶，還在想怎麼把電扇賣出去的問題。吃飯的時候，由於天氣悶熱，田中久重打開了餐桌旁的電風扇，這時坐在餐桌上吃飯的小女兒，指著電扇說：「這臺電扇太醜了，全部都是黑色的，一點也不好看。」

這句不經意的話，一下打動了田中久重的心。他看著眼前這個黑色的電扇，的確是不怎麼好看，可是全世界的電扇都是黑色的，東芝公司生產的電扇也不例外。

這時，一個大膽的設想浮現在了田中久重的心中，何不改變電扇的顏色，來試一試呢。

於是，第二年夏天，東芝公司推出了一批淺藍色電扇，藍色代表著清涼。令人想不到的是，這批產品一經推出市場，就大受顧客歡迎，市場上還掀起了一陣搶購熱潮，幾個月之內就賣出了幾十萬臺，原本庫存的產品經過變色，紛紛賣了出去。

其他電器公司看到東芝生產出不同顏色的電扇得到了暢銷，紛紛效仿。從此以後，在日本以及在全世界，電扇就不再是千篇一律的黑色，而是變成了五顏六色。

田中久重透過和女兒說話這麼一件小事，從而受到了啟發。從改變了電扇顏色這一個小細節，從而打開了電扇賣不出去的窘境，使整個公司度過了難關，重新占領了電器市場。

而提出這一設想，既不需要淵博的科學知識，也不需要有豐富的商業經驗，為什麼整個東芝公司的決策層和銷售部沒有提出來呢？原來他們著眼於如何制定新奇的銷售方案，如何改變產品的性能和品質，如何尋找新的銷售市場和客戶資源，誰都沒把眼睛放在改變電扇顏色這件小事上。

正是由於改變電扇顏色這件小事，讓東芝電器起死回生，重新走在電器行業的龍頭，取得了成功，改變了世界。

【小提示】

要想成就事業，並非需要絞盡腦汁去制定一個完備周全的規劃，也並不需要一個偉大驚世的發明，而是在身邊的一個不起眼的細節中成就自己。路邊的一朵鮮花，風中的一片樹葉，都可以成就你的人生，關鍵是你注意到它們的存在了嗎？

節約也是賺錢

網路上曾流行這樣一句話：「錢不是省出來的，而是賺出來的。」這句話貌似說得有點道理，但是卻不完全對。正所謂打江山容易守江山難，同樣如此，花錢容易賺錢難。相信很多人都有這樣的感受：「花錢如流水，賺錢似登天。」

不論你想做什麼，首先都是要投入資金的。那麼，資金從哪裡來，一方面靠自己去創造，去賺，另一方面是靠自己去節省。很多人往往做不成事，很大原因就是因為忽略了節儉這件小事，認為錢不是省出來的，從來沒有把節省放在心上。於是，他賺一個，花兩個，始終聚集不起財富，也就無從去拓展什麼事業了。

如今，沒有不知道沃爾瑪，這個全球最大的零售連鎖集團，而很少有人知道它的創始人山姆．沃爾頓（Samuel Moore Walton），是怎樣從一個小雜貨店在短短幾十年時間內漸漸地發展成為世界上最大的連鎖零售王國。如今，沃爾瑪的連鎖店遍及全球，近年，它的全球銷售總額達到兩千億美元，是如今最富有的家族之一。

山姆．沃爾頓出生在美國奧克拉荷馬州農村的一個小鎮。由於家庭貧窮，在母親的薰陶下，山姆從小就養成了節儉的好習慣。

山姆．沃爾頓長大後，為了生計，與自己的妻子海倫一起開了一家雜貨店，同時學習採購、定價、銷售等業務知識。在當時的美國，零售業市場一些大公司主要集中在美國的一些大城市，很少有人把公司業務開展到像山姆居住這樣的小鎮。

就這樣，才給山姆的雜貨店留下了生存的空間。靠著小小的雜貨店，山姆支撐著家庭的生活。山姆是一個有理想的人，他希望今後能把雜貨店發展成一家大超市。然而，要開一家像樣規模的超市店面，需要一筆很大的資金，而山姆每月賺的錢，除了家庭生活的開支外，基本沒有什麼結餘。

於是，山姆就在平日的生活中注重節儉，一點一點的累積資金。在山姆看來，美國的城市化進程發展很快，市區日漸擁擠，很多城市人開始向市郊轉移，這將給小鎮的零售業帶來機會，只要有足夠的資金，一定可以做成一番事業。

有了一些資金後，他開始進軍一些不起眼的小鎮，占領小鎮市場，有時就是人口少於五千人的小鎮他也會對其進行投資。在占領一些小鎮的市場後，山姆逐漸強大起來，把一家家連鎖店開始向全國推進。

山姆發現：一件同樣的商品，如果一件能便宜一百美元，顧客就會毫不猶豫驅車到更遠的便宜店去購買。於是，為了贏得顧客，山姆將「低價銷售、保證滿意」作為企業的經營宗旨。

然而，低價格的出售，就收不到很高的利潤，山姆想出了一系列節儉的辦法，比如：親自帶領員工動手改造租來的舊廠房，研究降低存貨的方法，盡己所能降低費用，為實行真正的低價銷售奠定成本基礎。

沃爾瑪對成本費用的節儉，甚至完全可以用「摳門」一詞來形容。在沃爾瑪，從來沒有專業用的複印紙，用的是廢報告紙的背面，所有複印紙必須雙面使用，否則將受到處罰；除非重要的檔案，沃爾瑪從來沒有專業的影印紙；沃爾瑪的工作紀錄本，都是用廢報告紙裁成的。

有一個故事：有一天，連鎖店的一位新員工，在給顧客包裝商品時，多用了半張包裝紙，繩子包紮完後多剪了一段，而剛好被巡視的沃爾瑪總裁山姆．沃爾頓撞見了，他看見後，對這個員工講了一句引人深思的話：「年輕人，我們賣的貨是不賺錢的，只是賺一點節約下來的紙張和繩子錢。」

沃爾頓出差依然住中階飯店，與同行人員合住一個房間，只在廉價的家庭餐廳用餐。人們很難想像，一個大企業老闆出差，飛機只坐經濟艙，飯店會和人合住一間。當時有人問他，公司已有幾百億的資產，為什麼還要那麼精打細算？山姆說：「答案很簡單：因為我們珍視每一美元的價值。我們的存在是為顧客提供價值，這意味著除了提供優質服務之外，我們還必須為他們省錢。」

在這樣的節儉策略推動下，山姆很快地把事業做大了，最後，山姆．沃爾頓創建了沃爾瑪零售王國。

如果一個人不注重節儉這件小事，即便是坐擁金山銀山，遲早有一天也會揮霍殆盡。如果一個人時時、處處地注重節儉，即便他是一貧如洗，也會在日積月累中累積一定的財富。所以，要想成功，就應該從身邊的每一件事情做到節儉，這裡節儉一點，那裡節儉一點，就會為你的事業打下最堅實的基礎。

【小提示】

一個想做大事的人，首先應該是一個能夠聚財的人，能聚財的人必然是一個會節儉的人。很多人都想做出一番事業，往往機會有了，萬事俱備了，卻獨獨缺少資本，沒有足夠的資本，只能眼睜睜地看著大好機會白白流失。如果節儉，機會就可能會多一點。

一個笑容的力量

給人——個微笑，對方很歡喜，會有好緣分。俗話也說「伸手不打笑臉人」一個人只要帶著微笑，往往會讓對方厭惡感減少一半，即便對方怒火衝天，也不好當面撕破臉。這就是微笑的作用，因此，千萬不要忽略微笑這件小事。因為一個笑容，可以決定一個人的命運。

一個人親切、溫和，洋溢著笑意，遠比他穿著一套高級、華麗的衣服更引人注意，也更受人歡迎。

在為人處事中，我們如果能以真誠的微笑面對他人，別人就有如沐陽光的感覺，讓別人能夠感受到你的真誠與善良，有助於我們要辦的事情得以順利完成，同時自己的人格魅力也能得到昇華。因為生活中的人們總是期待真誠的笑臉，這是自己的積極心態，是一種能夠使別人受到感染的良好心態。

微笑具有很重要的力量和作用，我們就要學會對別人施以真誠的微笑，利用它成為我們成事的一種強有力的紐帶，會對我們的事業有正面的影響，推進我們一步步走向人生的成功。說到這裡，我們就不能不說到以微笑服務冠於全球的希爾頓酒店。

希爾頓出生於美國新墨西哥州，父親去世時，只留給他三千美元的遺產，加上自己積蓄的五千美元，希爾頓在德克薩斯州開了一家小旅館，以此來養活自己和母親。旅館的生意普通，只夠維持日常的生活開銷，一年下來也存不下多少錢。希爾頓很想把自己的事業做大，讓所有的人都來自己的旅館住，這樣一來，他就可以賺很多的錢，為自己、母親買一幢大房子，過上好的生活。

然而，與那些星級的酒店的高級設施相比，希爾頓的小旅館太簡陋了。希爾頓問自己的母親：「怎樣才能想出一個好辦法，讓每一個住進希爾頓旅館的人住過了還想再來住，而且還必須是一種簡單、容易、不花本錢而行之可久的辦法去吸引顧客。」

母親聽了希爾頓的話，笑了，說：「天下哪有這等好事呀！」

晚上躺在床上，希爾頓苦苦思量：究竟什麼「法寶」才具備「一要簡單，二要容易做，三要不花本錢財，四要行之可久」呢？最終，希爾頓腦海浮現了晚上母親微笑的一幕：「對呀，這個法寶一定就是微笑，微笑具備了這四大條件，我怎麼差點把這麼簡單的日常小事給忽略掉了呢！」

第二天，希爾頓根據這一法寶訂出了他經營旅館的三大信條：信心、辛勤、眼光。他要求員工照此信條實踐。他還要求員工，無論何時，無論遇到什麼樣的情況，遇到什麼樣的客人，都始終要保持微笑。他相信：小小的微笑將會帶給希爾頓旅館巨大的發展。

美國一九三〇年代，美國的經濟進入了大蕭條時期，很多大的酒店旅館紛紛倒閉，而小小希爾頓旅館不僅從經濟蕭條中倖存下來，而且進入繁榮時代。

如今，希爾頓旅館已成了希爾頓酒店，遍布全球各地，每次希爾頓開員工大會，總會強調：「請你們想一想：如果旅館裡只有一流的設備而沒有一流服務生的微笑，那些旅客會認為我們供應了他們全部最喜歡的東西嗎？缺少服務生的美好微笑，正好比花園裡失去了春天的太陽和春風。假若我是顧客，我寧願住進那雖然只有殘舊地毯，卻處處見到微笑的旅館，而不願走進只有一流設備而不見微笑的地方……不論何時，請不要忽略了對顧客保持微笑這件小事！」

與此同時，希爾頓的名言：「你今天對客人微笑了沒有？」也在伴隨他的旅館，在世界各地流傳開來。

可以毫不誇張地說，微笑是希爾頓酒店最寶貴的無形資產，也是它致勝的魅力所在。希爾頓的事業的成功，就是從微笑服務這件小事開始的。

【小提示】

微笑雖然無聲，但它代表著認可與接納，它縮短了人們彼此之間的距離，能使人產生心與心的溝通。喜歡運用微笑的人能夠很容易走入別人的心扉，接下來要談的事情就好辦了。可見，一個會微笑做事的人一定是一個可以做成大事的人。

第二章　贏在小事就是贏在職場

小事上成功了，你在事業上就可以一馬平川了。我們千萬不要被小事絆倒，戰勝小事，你就會是職場中的「王者」。

一分鐘也不能浪費

我們的耳邊常常會聽到有人這麼說：「不就是浪費幾分鐘，算多大的事。」通常說這些話的人，往往都是一些平庸的人。

誠然，一輩子是大事，一分鐘是小事，然而，光陰似箭，日月如梭，當你把一分鐘當成一件小事的時候，每天浪費一分鐘，每一小時浪費一分鐘，那麼久而久之，你就浪費了你的一生。

所以，懂得珍惜光陰，想在有限的工作時間做出非凡業績的人，千萬不要忽略一分鐘這件小事。一分鐘能夠列印一份報告，能夠發一封郵件，能夠瀏覽一本帳目……

要想贏得職場，你首先要視時間為生命，哪怕是一分鐘，也要讓它發揮最大的價值。

當你比別人多贏得一分鐘，你就贏得了一切。

阿海是一位保險公司的業務員，在他的眼裡時間就是生命。

每天早晨五點鐘睜開眼後，立刻開始一天的活動，躺在被窩裡看書，思考推銷方案；六點半往客戶家中打電話，最後確定訪問時間；七點鐘吃早飯，與妻子商談工作；八點鐘到公司去上班；九點鐘出去推銷；下午六點鐘下班回家；晚上八點鐘開始讀書、反省，安排新方案；十一點鐘準時就寢。這就是他最典型的一天生活。

阿海知道，作為一名業務員，往往自由度比較高，如果把工作的時間，用在了吃、喝、玩、樂等方面，那麼一天下來，工作的效果可想而知。一天的時間，上午浪費了幾分鐘，下午浪費一小時，那麼一天很快就會過去。

因此，阿海從不把浪費一分鐘當作是一件小事，而是非常有效地利用時間，將時間變成業績。

每天早晨，阿海比同事早到辦公室十五分鐘，這樣的好處不必排隊就可以用影印機和傳真機，又可以打電話給工廠的客戶服務代表。當別人要排隊列印的時候，自己已經在出外見客戶的路上了。

阿海認為如果每天拖拖拉拉，慢吞吞離開公司，又轉往咖啡廳磨蹭半天，一切就會完全改變。由於保險公司，一般以小客戶作為主要訪問的對象。他的同事們一天只訪問二十至三十戶，而阿海一天卻訪問一百戶以上。

阿海每天起步的時間，都要比同事早出發五至十分鐘。如果按這個算下來，雖然只有短短的十分鐘，一個月卻累積成兩百四十分鐘左右，一年就多了四十八個小時。

每次阿海在公司開完早會以後，就立刻走出公司，直奔訪問現場。絕不會拖泥帶水或臨時辦瑣事，以避免打斷工作的連續性。而其他同事們出來後，則聚在一起聊天。

在和客戶面談時，阿海總是會說：「您的時間很寶貴，為了節約您的時間，我們就開門見山談事情吧！」這樣不僅為自己，也為客戶帶來了時間的節省和效率的提高。而其他的業務員則常和客戶拉家常、閒聊，有時候一個上午就接見一個客戶。

正是由於阿海注重每天中的每一分鐘的時間，他一個月的業績往往是公司好幾個推銷員的總和，而公司的業績也扶搖直上，把其他保險公司的業務員完全比了下去。

僅僅半年，阿海就被提升為公司銷售部副主任，是公司成立以來升遷最快的員工。

幾分鐘的時間雖短，的確不是什麼重要的事，但是如果你每天都忽略它，它也會累積成山。每天浪費一點點，一個月下來、一年下來、十年下來就會浪費很多，如果把這些時間都利用起來，足夠你完成一件大事。

要想贏得職場，首先你必須做一個能夠爭分奪秒的人。如果你從不忽略浪費一點時間這件小事，那麼你就會擁有比別人更多的時間。當你擁有了更多的時間，自然會為你換來更豐厚的回報！

【小提示】
浪費時間就是浪費生命！一分鐘或許微不足道，在我們的生命中一閃而過。如果一個人連這一瞬間都不肯放過，那麼他必能成大事！

提前做好準備

如果你現在正是一名職場中人，正在等待升遷的機會，那麼埋頭苦幹已經不能提升你多大的競爭力，因為現在職場中，更多人要學會出奇制勝、以巧取勝，只有這樣，才能事半功倍，四兩撥千斤。

在工作過程中，很多人都忽略了提前做好準備這件小事，總是想等遇到事情再說，即便碰到棘手的問題，憑藉自己的能力，完全可以做到「兵來將擋水來土掩。」其實不然，要想在職場中贏得別人，你必須要學會做好事前準備，這雖然是一件很小的事情，但是當你比別人早一點，先走一步，哪怕是一小步，都會取得一大步的成功，你先走了一步就贏得了一次機會，也就多了一份成功的把握。

別小看這一平時容易被忽視的小事，這正是你走向成功的最佳途徑。無論在什麼樣的工作崗位上，無論你從事的是哪一種工作，只有走在別人的前面，才能找到前進的方法。

阿華大學畢業後到了香港一家貿易公司上班，從上班那天開始，阿華就時時刻刻提醒自己，一定要做一個合格的員工，為自己謀取一番好的前途。

為了這個目標，他每天工作都十分勤奮。在每天下班前的半個小時裡，一般都是每天工作基本結束的時間，同事們往往聚在一起閒聊起來，或者討論怎麼度過晚上的美好時光。而阿華卻利用這段時間，準備好各種第二天工作中所需要的資料。

對此，同事們都說他：「為什麼要這麼積極，明天的工作明天做就可以了，今天忙什麼呀？再說，你這麼努力上司也不一定看見，何苦讓自己那麼辛苦呢！太不值了。」面對同事們的這些說法，阿華總是會一笑了之，從不辯解，阿華認為這雖然是一件可做可不做的小事，但是他還是為第二天的工作做準備。

就在阿華上班半年之後的一天，上司突然來到辦公室，對辦公室主任說：「我今天下午要去北京，我讓你準備的資料在哪裡，現在就給我。」

「您不是後天才去嗎？」辦公室主任說，「我還沒有讓阿華準備呢。」

「本來是要後天去的，但臨時有了變動，今天下午就得去，資料不是前幾天就讓你準備的嗎，怎麼，還沒有開始嗎？」上司面有不悅說道。

正在辦公室主任無言以對的時候，阿華從辦公桌上找出前一天就準備好的資料，遞給上司說：「我已經準備好了，給您。」

「嗯，不錯，你能夠提前為工作做準備，是個做事情的料，繼續努力，年輕人。」看到了阿華遞過來的整齊的資料，上司微笑著拍了拍阿華的肩膀說。

一週之後，上司從北京回到香港，第一件事就是把阿華提升為自己的辦公室主任，幫助自己打理生意上的事務，而原來的辦公室主任卻被降職了，成為了阿華的下屬。

就像阿華一樣，什麼工作都比別人做得早一點，所以最終獲得了上司的器重，也為自己贏來發展的好機會。

凡事必別人早一點，就會離成功更近一點。這樣的人，總會看到別人永遠看不到的美景；這樣的小事，如果沒有被你忽略掉，那麼你會受益一生。

【小提示】

「笨鳥先飛」即使不是笨鳥也要先飛，因為工作中，只有那些走在別人前面的人才有機會握到成功的手，工作提早準備才能提早完成，雖然你只需要提前一點。而大多時候，許多事情就差的就是那麼一點點，就是這一點點，就成就了你的成功。

別輸在腳下的那張紙團

如今的時代，這已經不是一個龜兔賽跑的時代，而是一個虎豹相爭的時代，時代的快速發展，讓競爭也愈加激烈。如此，我們的耳邊時常聽到一個嘆息的聲音：「唉，找一份工作怎麼這麼難呢？」

是啊，工作難找，難找工作，蜀道難，也難不過找到一份工作！找不到一份工作，成為了每一個求職者共同的心聲。

如果此時的你，還是一名求職者，相信你正在為尋找一份滿意的工作而愁眉苦臉，為一個又一個面試跑斷了腿，即便你能力強、學歷高，往往還是被心儀的公司拒之於門外。

更讓人生氣的是，當你看到一些能力或學歷不如你的人，居然成功地拿到了你夢寐以求的offer，你肯定納悶了，這是怎麼了？自己究竟輸在了哪裡？

其實答案很簡單，有一個故事可以告訴你：你輸在了腳下的那個紙團上。

二十世紀的美國，有一家非常著名的汽車製造公司，良好的待遇和公司的名氣，讓眾多求職者趨之若鶩。這家公司有個規定，每年只向外界徵才一次，而且名額有限，並且公司的面試非常苛刻，通過率很低。通過了，你就等於到達了一個天堂；失敗了，你就等於從天堂的入口一下掉回了地面。

這次公司招聘的是汽車檢驗部的主管，面對一年中僅有一次的機會，前往這家公司求職的人都是職場菁英們，這是一場競爭激烈的面試。

面試是在公司大樓的一間小房間進行，一份份精美的簡歷在面試官面前堆成了小山。一個小時過去了，一個個面試者進進出出，這時輪到了一個叫福特的青年。

福特原本是一家小公司的汽車修理員，修理技術精湛。如果能通過這家汽車公司的面試，和其他面試者一樣，這是福特一生的夢想。

當福特進入房間後，每位面試者的面試時間是十五分鐘。面試官沒有問福特任何關於汽車的專業問題，就只是和他聊天了。當面試的十五分鐘到了後，面試官示意面試結束，讓他喊下一位面試者。

就在福特起身站起來的時候，他發現自己的腳下有一張小小的紙團，上面還踩上了很多的腳印。於是，福特彎下腰，拾起地上的那張紙團，隨手扔進了門邊的垃圾桶裡，然後輕輕地關上了門。

回到家，福特想，這次一定沒有希望，因為面試官連一個關於汽車專業方面的問題都沒問他，一定看不上他。福特想，這次面試者當中很多都是來自名牌大學的高材生，有的還擁有豐富的汽車製造方面的經驗，自己跟他們一比，肯定是輸定了。

兩個星期過後的一天，福特接到了這家汽車公司人力資源部的電話，電話的那頭告訴福特被公司正式錄取了，並且通知了他上班的日期。

福特聽了後，喜出望外，高興到簡直要跳起來了。

可是，令福特疑惑不解的是，在兩千多人的求職者當中，為什麼會選中他呢，更何況面試時連一個問題都沒有。

福特進去公司後，憑藉自己的努力和精湛的技術，檢驗出的汽車產品品質非常好，很快占領了市場。

十幾年後，這家汽車公司改名為福特公司，生產出來的汽車起名為福特汽車，福特成為了這家汽車公司的總裁。

一天，福特忽然想起了當時進公司面試的情景，於是找到了當年的那位面試官，問起了當時錄取他的緣由。

那位面試官微笑著說：「總裁先生，因為您是兩千多求職者中唯一一位把地上的紙團撿起來，扔進垃圾桶的人。這麼小的細節，您都能注意到，那麼您肯定是一位合格的汽車檢查員，我們把產品交給你，我們放心。這是我們面試中唯一的一道題目，您做到了。」

福特聽了面試官的解釋，莞爾一笑，沒想到是自己腳下的一個小小的紙團，讓他拿到了夢寐以求的職業。

其實有很多時候，當你面試失敗時，當你被別人拒絕時，或許你並不是輸在了自己的專業上，而是輸在了一些細節上。如今，很多大公司的面試都會把一些微不足道的小事，當作考核一個新員工的標準。作為求職者，當你面對一群旗鼓相當的競爭對手時，如何才能戰勝他們，唯有在一些令人忽視的地方打勝仗，而這些令人忽視的地方，往往是面試官最看重的地方。

【小提示】
撿起腳下的那張紙團，也許是一件不值得一提的事情，如果你能把一件不值得一提的事情做好了，那麼你也就沒有了對手。

每日備忘錄

俗話說：「最淡的墨水勝過最強的記憶。」大多數身在職場的人都會說：「我每天這麼忙，哪有力氣做每日備忘錄呀？」的確，在每天繁忙的工作中，我們常常忽略掉了做「每日備忘錄」這件小事。

其實，「每日備忘錄」只是一種幫助你記憶的方法，提醒你每天都做些什麼事情，不至於因為太忙而忘記了有些工作還沒有完成。只要你打開當天的每天備忘錄，就可以找到你所要做得事情。這樣，你會因為沒有把事情忘了而心安，你可以把回想的力氣省下來，用在其他的事情上；在適當時候，你便知道你的開會時間、計畫和文書工作，你也因用不著分心於其他事，而變得相當有效率，能讓你花最少時間和精力去增進工作效率。

如果你忽略了這件小事，不妨試一兩個月，看看它所帶來的好處。

苗苗是一家外貿企業的總經理的助理，從早晨進入公司那一刻起，就忙得不可開交，要處理與工作相關的各種事宜。

剛開始的時候，公司的規模小，業務也不是很多，苗苗勉強能夠應付得過來，每天要做得事情基本都記得清清楚楚，能夠全部完成。可是隨著公司的發展，公司擴展了很多的業務，自然每天的事情也就增加了很多。由於太忙了，有些事情就忘記了，為此，總經理責備了苗苗好幾回。

苗苗每次都在經理面前保證，下次不再出現類似的錯誤。儘管苗苗比以前更盡心盡力，可是等忙到暈頭轉向的時候，一個星期總會忙忘了一兩件事情，有時候還是非常重要的事情。

為此，公司人力資源部不得不再招一名經理助理，來一起分擔苗苗的工作。新來的助理名叫小琴，是一位剛畢業的大學生。苗苗發現這位初入茅廬的新助理，做事情總是井井有條，而且從來沒有忘記一件事情。由於新助理工作出色，深得總經理的喜愛，漸漸地總經理把一些重要的事情都交給新來的小琴去做。無論經理交給她多少事情，小琴從來沒有漏掉任何一件事。

後來，苗苗發現小琴每天早晨都會要做一件小事，那就是把一天要做的事情按照時間的順序寫在一個小本子上，做成備忘錄，並且在重要的事情上添加幾顆星星，以示千萬不能忘記。這樣一來，萬一一天忘記了什麼事情沒有做，只要翻開備忘錄，就會一目了然，馬上想起來。

以前苗苗也曾想做工作備忘錄，只是嫌每天這樣做太麻煩了，現在細想起來，以前覺得這沒有必要做的事情，卻有很大的作用，於是，苗苗也效仿新助理小琴，每天都做備忘錄。

經過一段時間後，總經理發現苗苗再沒有出現因為遺忘而耽誤事情。由於苗苗在總經理身邊工作多年，不僅熟悉公司的各項業務，而且還有豐富的工作經驗，憑藉這項優勢，苗苗輕而易舉地奪回了自己以前的地位。

常言道「磨刀不誤砍柴工」。砍柴是大事，磨刀是小事，可是如果你只顧著去砍柴，而忽略了磨刀這件小事，反而做不好砍柴的工作。苗苗正是在工作中忽略了做每日備忘錄這件小事，導致了在工作繁忙中忘這忘那的緣故，出現了工作上的失誤。

作為一名職場人，尤其是在激烈競爭的環境，一旦在上司面前出現了一點很小的失誤，都會給你帶來很大的影響，給你的對手帶來戰勝你的機會。

要想在工作中盡量少失誤或者不失誤，那你就千萬不要忽略了做每日備忘錄這件小事。

【小提示】

善於工作的人，總會從身邊的一些小事中尋找捷徑。做好每天的工作備忘錄，可以讓你每天的工作更有條理，主次分明，讓你每天都不會因為遺忘而出現工作上的失誤，讓你得到上司更大的信任，讓你的上司可以把更重要的任務放心地交到你的手上。一旦上司經常委你重任，那麼你的升遷也就不遠了。

多練習當眾講話

如果你細心觀察，你會發現在職場上那些混得如魚得水的人，往往都是一些膽大心細的人。不論在什麼場合，他們從不怯場，即便臺下坐著幾萬人，他們也能妙語連珠、思維慎密。但是這並不證明他們在一開始就是這樣，沒有誰天生就具有演講才能，他們的能力也是經過訓練得來的。

當你在身處公司時，在日常生活中，你應該把握住每次能夠當眾說話的機會，比如平時開會、聚餐，你有時要學會高談論闊，成為人們目光的聚焦點。如果你平時忽略了練習當眾說話的機會，這件看似不經意的小事，有時卻可以影響到你的命運和前途。

小趙和小李是一家機械製造廠的資深員工，兩人不僅為人忠厚老實，而且技術嫻熟，是廠裡的菁英骨幹，每年都被評選為「模範員工。」

眼看老廠長快要退休了，廠裡決定要在一批年輕的核心員工中挑選一位，來接替老廠長的位置，成為下一任新廠長的候選人。

同事們議論紛紛，認為下一任廠長肯定在小趙和小李兩人之間誕生，但是到底誰會成為下一任廠長，誰都不好說，因為小趙和小李都是菁英中的菁英，人緣都很不錯，兩人相爭廠長這個位置，可謂是不相伯仲，這也讓工廠的上司們頗為難。

最後，廠裡討論決定，透過演講的方式，對所有的人進行拉票，最後誰得到的票數多，那麼誰就是下一任廠長的候選人。

可是，這時小李卻有點為難了，因為他從來沒有在大庭廣眾下發言過，更別說在全工廠一萬多人面前演講了，想到這裡，小李頓時緊張了起來，平時自己連對一個陌生人說話也會臉紅。但是眼下這個演講太重要了，小李只要硬著頭皮去試一試，努力讓自己保持鎮定。小李後悔平時開會時，自己發言太少，沒有把當眾說話當一回事。

果然，到了演講那天，小趙第一個登臺演講。由於小趙平時愛當眾說話，面對臺下全場員工，絲毫不怯場，就像平時和同事們一起閒聊一樣從容淡定。小趙的演講深情並茂，表情豐富，講到精彩之處，竟然手舞足蹈起來，一會帶領大家暢想美好未來；一會深入分析廠裡的現狀，絲絲入扣，牽動著廠裡每一位員工的聽覺神經。當小趙演講完後，臺下響起了一片雷鳴般的掌聲。

當小李上場時，看著臺下人山人海，頓時緊張起來。這心裡一緊張，嘴上就不是很流暢，說話聲音時大時小，斷斷續續，更重要的是自己越說越亂，完全沒有了條理，最後連他自己都不知道說些什麼了。臺下頓時響起了一片噓聲，這讓小李更加緊張，心理壓力更大，兩腿直發抖，最後連話都說不出來了，只好退下臺來。

一個星期過後，投票結果出來了，小趙以多出小李兩千多票的絕對優勢，成功成為了下一屆廠長的候選人。事後，上司找到小李聊聊，說：「小李啊，論能力，你比小趙稍強一點，可是為什麼不敢說話呢。你看小趙，說得多好啊，當廠長不僅要有很強的能力，而且還要有號召力，敢說話，不能怯場呀。以後你在這方面多花點心思，千萬別忽略了說話這件小事啊！」

小李的失敗就是因為平時忽略了當眾說話這件小事，認為說話是簡單不過的事情，當輪到自己演講時，弊端立即顯現了出來，最後導致丟失廠長寶座的千載難逢的機遇。

【小提示】

在職場中，埋頭苦幹固然能夠得到上司們的賞識和喜愛，但是如果太沉默寡言，必然會讓自己的語言能力下降。如果你平時再忽略了能夠當眾說話的機會，認為這只是不足輕重的小事，那麼等到有一天機遇降臨了，你需要當眾演講時，你只能把這絕好的機會拱手讓給別人。

記住陌生人的名字

在現代社會中，尤其任職在一些大公司，每天會與各式各樣的人打交道，有些是熟悉的，而更多的可能是生面孔。

記住陌生人的名字，是每個人職場人不能忽視的小事。記住別人的名字雖然是一件小事，可是從中可以看出對你內心對別人的重視，尤其是陌生客戶的名字。

一個能成大事的人，需要有記住陌生人名字的特殊能力，這將會給你的職業生涯帶來意想不到的收穫。

Motorola 公司的接待員多恩和懷特是同一年進公司的，兩人一起在同一部門工作了十年了。兩人工作能力相差無幾，一直表現都很出色，但卻一直都沒有得到公司的提拔。

有一天，一位老人來到了 Motorola 公司。這位老人中等身材、寬肩膀，逝去的歲月已經在他臉上刻上了深深的皺紋，他的頭髮也變灰白了。

老人走進公司的大廳，和許多前來公司辦事的人一樣，坐在了休息室的長椅上。每天這個時候，也是接待員多恩和懷特最忙的時候，因為每天這個時候來辦理各種事務的人最多。

時間久了，來公司的人多恩和懷特都認識了，尤其是公司的一些重要的客戶，具有優先接待的權利。這時，公司一個重要的客戶到了，懷特對多恩說：「喂，多恩，那裡有個我不認識的面孔呢，我不知道他叫什麼名字，還是你去接待吧。」說完，懷特朝著那個重要的客戶走去，多恩知道懷特又跟他耍小聰明了。

這時，多恩走到這位老人的面前，看著老人一張滿是皺紋的臉，忽然有一種似曾相識的感覺，突然多恩叫出了這位老人的名字：「布朗先生。」

老人抬起頭來，略微有點吃驚，然後微笑地點了點頭，問道：「年輕人，我都十多年沒來公司了，你怎麼還記得我的名字？」

多恩微笑著說：「親愛的布朗先生，雖然您十年沒來公司了，但是我一眼就認出了您。身為公司的接待員，記住每一個人的名字是我應該做的。」

布朗先生問道：「每天來公司的人這麼多，那你是怎麼記住每個人的名字呢？」

多恩回答：「我以前是在克里夫蘭一間鞋店裡做店員，每天我要招待許多顧客試鞋子。他們來來往往我一個都不認識。」

「有一天我出去買了一本筆記本。每次我服務了一個顧客，我將他的姓名、他所買的鞋子的號碼和樣式、所付的價錢，以及其他值得記載的，都記在我本子上。我立志要在這個人第二次來的時候，我還能認識他，因為怕辦不到，我還要仔細看一下這人的面孔……」

「然後，我想辦法使這些人的特點與他們的名字有某種關聯，這樣，如果我再看見這人時，對於他的名字我便可以回憶起一點線索，並因此想起他的名字來，記在本子上別的事情我也就都可以記起來了。」

「我這樣一直堅持了十七年。剛開始時確實感覺有點困難。不過，慢慢地便容易一點了。後來，我的眼睛憑藉著這種訓練，只要望上一眼便能記住別人。因為不斷地記憶，漸漸地我很少依靠自己的本子，到後來就根本不需用本子了。」

布朗先生聽了多恩的回答，滿意地點點頭，然後慢慢走進了總經理辦公室。

一個月後的公司年會上，多恩的名字出現在了升遷人員的名單上，多恩的升遷還是公司董事長親自點的名，而懷特仍舊沒有動靜。

懷特納悶了：「難道多恩和董事長有關係嗎？」後來，懷特才知道，那天多恩接待的那位老人正是 Motorola 公司的董事長的父親老布朗先生，並且多恩還記住了老布朗的名字。

懷特這才想起十年前，有一個叫布朗的老頭來到他們公司，而且當時接待的正是自己。十年過去了，自己早就把這個老人的名字忘記了，甚至連這位老人的相貌都記不清了，想到這裡，懷特不禁對多恩肅然起敬。

在職場中，記住別人的名字是一件非常小的事，但是它的確能夠影響到你的事業和前途，尤其是對於經常和外界打交道的人來說，記住別人的名字就尤為重要。

如果你連客戶或者朋友的名字都忘記了，別人怎麼會願意和你交往合作呢。哪怕你們曾經只有一面之緣，如果你下次見面的時候，你首先叫出了對方的名字，不僅會讓對方高興，而且從心底感到你是很在意他，這樣一來就顯示出了你極大真誠。

【小提示】

要想在職場上比別人更勝一籌，就必須要從小事做起，記住身邊每一個人的名字，這樣不僅讓你會有一個好人緣，而且還會為你帶來好的機遇。記住別人的名字，別人也會記住你！

量力而為

在職場中，有些人因為愛表現或者礙於面子，忽略了量力而為這件小事。尤其當同事或者上司有求於你的時候，你明知道這件事情難度很大或者自己心裡也沒有底，但是出於一時熱情，硬著頭皮答應了別人。

如果你答應的事情是上司要求，更容易讓人們忽略了不要輕易去答應，而是一時盲目的熱情，想都沒想就答應下來。這時的你肯定在想，如果事情辦成了，還可以在上司面前表現一次，讓上司高興。但是要知道，事情有輕重難易之分，如果你想都不想你是否能夠完成它，這時你貿然答應，到時候，事情沒有辦成，你還要為事情的後果承擔一定的責任。

如果你忽略了這一點，即便這件事情你辦到了，總有一天你會因為這一點而吃大虧。

張教授是某名牌大學的知名教授，學識淵博、氣質儒雅。退休後，他壯志未酬，想投入商界。

一天，某小雜誌社的主編透過一個朋友的介紹來到張教授家，想請求幫忙。原來他們這個小雜誌社有心想辦理藝文活動，以擴大雜誌社的知名度和募集一些資金，想請他出面幫幫忙，因為張教授桃李滿天下，有一定的知名度。

張教授仔細詢問了一些情況後，雖然以前自己沒有辦理過這樣類似的活動，但還是答應下來，說：「我的一些學生有的自己開了公司，朋友有的成為了政界高層，他們和我關係不錯，如果我開口向他們要點贊助，應該是十拿九穩的。」

主編聽了張教授的話，覺得這次活動一定會取得圓滿成功。如果雜誌社的名聲打響了，以後會請張教授做雜誌社的名譽文化顧問。張教授聽了也非常高興，使出了渾身解數。三天兩頭打電話給主編，報導最新的好消息：「又有幾家公司打算贊助了！」

「有幾家機關單位也準備贊助我們。」

「還有我一個朋友的公司也想參與這次活動。」

教授一次次信心滿滿的回話，使小雜誌社主編高興極了，立即動用各種關係，邀請了一些文化名人，同時為活動積極準備，租賃場地、宣傳活動。

主編等著教授許諾贊助款到位，就要立即舉行活動。但是，就在這時，張教授忽然銷聲匿跡了，打電話也沒人接。然而，活動又不能不舉行，不然白白浪費了場地費用和其他一些為活動的開銷，而且更重要的是雜誌社更是失信於人。

直到活動舉辦的隔一年，主編去了張教授家裡才找到了他。張教授吞吞吐吐說：「實在對不起，我的那些朋友和學生都不願意來了，因為他們嫌你的雜誌影響太小，贊助你們的錢並不能幫助他們的企業提高社會知名度，只會是打水漂，我也很為難……」

張教授還在解釋，主編早已被氣得臉色發青：「你少跟我來這套，你不是說你不會失手嗎？要是我的雜誌知名度高，還用得著辦這個活動嗎？」

這項活動最終讓這個小雜誌社賠了夫人又折兵。為此，小雜誌社憤恨難平，專門寫了一篇報導說張教授是個騙子，把雜誌社害得不淺！是一個十足的偽君子。

這件事情還被傳到大學裡去了，讓張教授名譽掃地。然而張教授只是一個研究學者，對經商一竅不通，他嘆著氣說：「唉，為了這次活動贊助，我東奔西跑，費勁了口舌，就連自己的面子也不顧了。可誰知開始說得好好的，一定來捧場，到最後讓他們出錢，一個個都變成了縮頭烏龜，要麼說在開會，要麼說在出差，全反悔了！這下我成了啞巴吃黃連，有苦說不出，裡外都不是人！」

可見，張教授是好心辦壞事，拿著雞毛當令箭，坑了別人，也害了自己一世的好名聲。不僅害了雜誌社，同樣也被小雜誌社害了自己。壞就壞在自己沒有一點商業頭腦，一點都不懂商場規則。他不懂得現在企業都是以利益為目的，讓他們白白從腰包裡往外掏錢，又沒有任何的好處，誰會做呢？他找的那些學生、朋友剛開始能夠答應，可能是給予張教授幾分面子，不好直接拒絕而說的客套話。

記住，在工作中，不管面對的是什麼人，當他們要你辦事時，你應把自己的能力與事情的難易度以及客觀條件是否具備結合起來考慮，然後再做決定。如果你覺得辦不到，千萬不要貿然答應。

> **【小提示】**
> 在職場中，要想不被周圍的人所害，就不要自不量力。亂誇海口，就是自己出難題給自己。請記住，量力而為。

抓住無意中「聽來」的資訊

如今，我們生活在一個資訊爆炸的時代，在職場競爭中，我們與人之間的較量往往不僅是學歷和能力的較量，更重要的是資訊的較量。

如果一個人能夠把握住最新的資訊，就可以掌握先機，在與別人的競爭中先行一步。那麼，怎樣才能掌握最新的資訊呢？有的人認為需要去專門尋找，其實不然，每個人都可以得到專門尋找的資訊，關鍵在於平時工作過程中無意「聽來」的資訊。因為這些資訊就在身邊，而這些無意中聽到的資訊往往是最讓人忽略的小事。只有掌握了別人不注意到的資訊，你才能戰勝別人、贏得別人。

法比歐是法國城裡的一個理髮師，進入法國最頂級的倫薩髮型設計公司是每一個理髮師一生的夢想。

憑藉精湛的技藝，法比歐成為為數不多通過第一輪面試的理髮師，但是要想成為倫薩公司真正的理髮師，還要通過為期三個月的試用期，而在試用期過後，將會有一人留下來，成為倫薩理髮師中的一員。

每一位試用期的員工被分配到倫薩旗下一間髮廊裡，公司根據三個月後的營業額和前來做頭髮的人數，來作為最終的考核標準，因為最好的理髮師不是倫薩公司說了算，而是要請顧客來做最終的考核。

如何才能在試用期打敗其他的對手，得到倫薩最終錄取的唯一名額呢？

雖然他現在已經是一位小有名氣的理髮師，可是法國是時尚的發源地，在這裡，理髮師可謂是臥虎藏龍，如何才能做到第一，這令法比歐非常擔憂。

一天晚上，他翻來覆去睡不著，於是便起身穿好睡袍，漫步走到陽臺上。他住在自己的髮廊二樓，從這裡眺望出去，巴黎依然燈火通明，這時雖然已是半夜，但街道上仍然有人來來往往，有的是在趕火車趕飛機，有的則是娛樂休閒。

以他住的地方來說，不算是巴黎最繁華的地方，如果店面處在城市中心一帶，夜間則會更繁華，對他的業績會有利一些，然而每個理髮師分配的髮廊都是隨機分配的。

正當法比歐這樣胡思亂想的時候，突然，兩個女人談話的聲音傳進他的耳朵裡。

「你看，我的頭髮亂得像草一樣，連個整理的地方都沒有，多難看！」

「我的不也是一樣？」另一個女人說，「所以我最討厭大清早就出門。」

「美容院都什麼時候開門？」

「最早也要早上八點。」

「我的天哪！就讓我這樣蓬頭垢面坐飛機嗎？到了紐約下飛機怎麼見人呢？」

「隨便吧，我們到飛機上，自己隨便梳洗一下就算了。」

很快，她們搭上了一輛計程車，消失在了茫茫黑夜中。

第二天，法比歐回想起昨晚在陽臺上的那一幕小事，忽然他的心緒在這一剎那間被這幾句話啟動，想法也開始沸騰，苦惱幾天的問題，靈感突現般找到了答案：要想提高自己的業績，為何不讓髮廊二十四小時營業呢？

就經營方式來說，這個辦法的確夠新穎的，為什麼不試一試呢。

不久，法比歐的髮廊推出了獨特的經營方式，實行了二十四小時營業制，果然前來做美容的人越來越多，並且營業額一下翻了一倍。

三個月過去了，法比歐憑藉比其他理髮師兩倍的業績，五倍的客流量，成功地擊敗了所有的競爭對手，正式成為了倫薩髮型設計公司真正的一員。

其實，法比歐能夠取得勝利，也並未對此付出多少，僅僅是因為他注意到了別人不經意談話中隱含的一條資訊，並且抓住這一被人忽略了的小事，從而迎來了輝煌業績，成功擊敗了所有人。

作為一名職場人，只有睜大眼睛去觀察四周的事物，豎起耳朵去仔細捕捉每一個聲音的資訊，才能深切了解到一個行業所具備的真正潛力，或者了解到整個行業的經營趨向，從中挖掘出屬於自己的創業機會，從而戰勝別人。

【小提示】

大千世界中，只要你經常仔細聆聽周圍世界的聲音，你必然會發現有用不完的機會等著你。平凡的人總是在抱怨上帝不賜機遇給自己，他並不知道勝算也許就藏在身邊的小事中，就藏在容易被人忽視的隨隨便便的一句話中。

與上司保持距離

在現代職場中，很多人吃了大虧，就是因為他們忽略了一件小事，那就是和上司要始終保持一定的距離，哪怕你和你的上司關係再好，也要有一定的空隙。如果你們走得太近，甚至是平起平坐，那麼你的上司是絕對不允許的。

很多職場人都這麼認為：要想在公司吃的香，得到上司重視，未來可以升遷，就必須要和自己的上司關係緊密。如果自己成為了上司的「小跟班」，那麼很多事情就可以近水樓臺先得月。然而，事實並非真的如此。因為上司之所以能夠成為你的上司，他永遠會比你精明。他能夠讓你靠得近，是因為你有可以被利用的價值，所以他才讓你成為他的貼身「護衛」。一旦你的地位或者能力危險到了你的上司，他馬上會採取一切辦法把你打下去。這時，你離上司越近，你受害的程度也就越大，正所謂「伴君如伴虎」說得就是這個道理。

還有一點，如果你和上司走得太近，很容易窺探他的一般人不知道的祕密。作為上司，他不會容忍任何抓住他的把柄或者楸住他的「小辮子」。即便你已經和你的上司是「好麻吉」，那他也絕對不會允許你的存在。

可見，與上司保持一定的距離是有必要的，儘管你也許是上司身邊的「紅人」。聰明的職場者，會嚴格遵循職場的原則：與上司保持「一公尺的距離」，就像銀行營業廳櫃檯上的黃色「等待線」。它在提醒人們，在職場中，人與人之間應當有一公尺遠的距離。這個距離，能避免許多不必要的麻煩，避免上司會對你妄動「殺機」，因為在某些方面，上司需要保護自己，更需要保留一份隱私。

所以，與你的上司保持適當的距離，反而更有利於工作的進行，更利於保護自己不被受傷害。

羅斯福（Franklin Delano Roosevelt）總統入主白宮以後，與以前的美國的歷屆總統一樣，擁有自己的顧問參謀團，在他的身邊為他出謀策劃。但是，他又和別的總統不一樣，因為他從來不讓他的下屬和他的關係靠得太近。因為他認為如果下屬和總統的關係太近，就會影響他們之間的工作關係，而且下屬會因為這層關係謀取自己的利益。

在他任職總統期間，在他的總祕書處，辦公廳和私人顧問等智囊機構裡，從來沒有人工作時間能超過兩年的。他規定：在白宮工作的人，就像總統的任職期限一樣，到了規定的時間就必須換人。白宮裡的任何人都不能以某項工作作為自己一生的職業。

羅斯福認為：一個人如果長期在白宮工作，對國家和個人都會存在一定的風險，因為他工作的時間越長，掌握的機密也就越多，所以只有採用流動的用人方式才是正常的；二是他不想讓他的下屬變成他「離不開的人」。作為美國的最高統治者，如果身邊有一個長期工作的人，就會因為親密關係影響他的想法和決斷，這是絕對不允許的，他不會容許身邊有永遠離不開的人。只有調動，不但可以保持顧問和參謀的想法和決斷上的新鮮和充滿朝氣，也可以杜絕顧問和參謀們利用總統和政府來營私舞弊。

羅斯福的第二任保衛主任湯姆因為違反了他的原則，受到了嚴重的處罰。

湯姆在任羅斯福總統第二任保衛主任期間，十分盡職，工作能力十分出色，多次受到了羅斯福總統的嘉獎，而且還得到了榮譽勳章，深得羅斯福總統的信任。

湯姆作為總統的貼身護衛，與總統的親密關係自然不用說，湯姆也認為自己不僅是總統的保鏢，更是總統的身邊最親密的朋友。

所以，當湯姆任職期滿後，被調到了國防部工作。可是，在他認為自己曾是總統身邊最親密最信任的人，於是，在調離的初期湯姆還常來辦公廳閒逛。

有一次，正好被羅斯福總統逮個正著。羅斯福總統非常生氣，極嚴厲地責備他說：「你為什麼還來這裡？難道你忘了我的規定了嗎？你是不是認為升遷去了五角大廈，就可以無視我的規定了？」

羅斯福的無情冷漠讓湯姆瞬間心驚膽戰，一時竟不知道如何回答。「我……我來……」。

「不要再說了，我不想聽你的任何解釋，你也不用去國防部任職了，現在你已經被開除了。」說完這話，羅斯福拂袖而去。

其實，任何上司都像羅斯福那樣，他們都不希望自己的下屬與自己的距離太近。當然，也不希望這種距離太遠。距離太近，上司認為下屬干涉了自己的自由。距離太遠，又顯得過於冷漠。因此，與上司保持恰當的距離是非常必要的。

一般上司不願跟下屬關係過於密切，主要是顧忌別人的議論和看法，再者就是一定的神祕感會樹立他在你心目中的威信。他是上級，你是下級，他當然有許多事情要向你保密。有一部分事情你只應是知其然而不知其所以然。所以，千萬不要成為你的上司的「顯微鏡」和「跟屁蟲」。

【小提示】

給上司留有自由的隱祕的空間，保持一定的距離，這對彼此都有好處。如果離得太近，說不定哪一天他火山噴發，會讓你引火焚身。所以，要想和上司相處融洽，又不會被上司所害，與上司要保持適度的距離是非常必要的。

第二部分　生活篇

生活是多彩的，但你如果混淆了小事，它們就會打亂你生活的秩序，讓你每天都有剪不斷理還亂的煩心事。

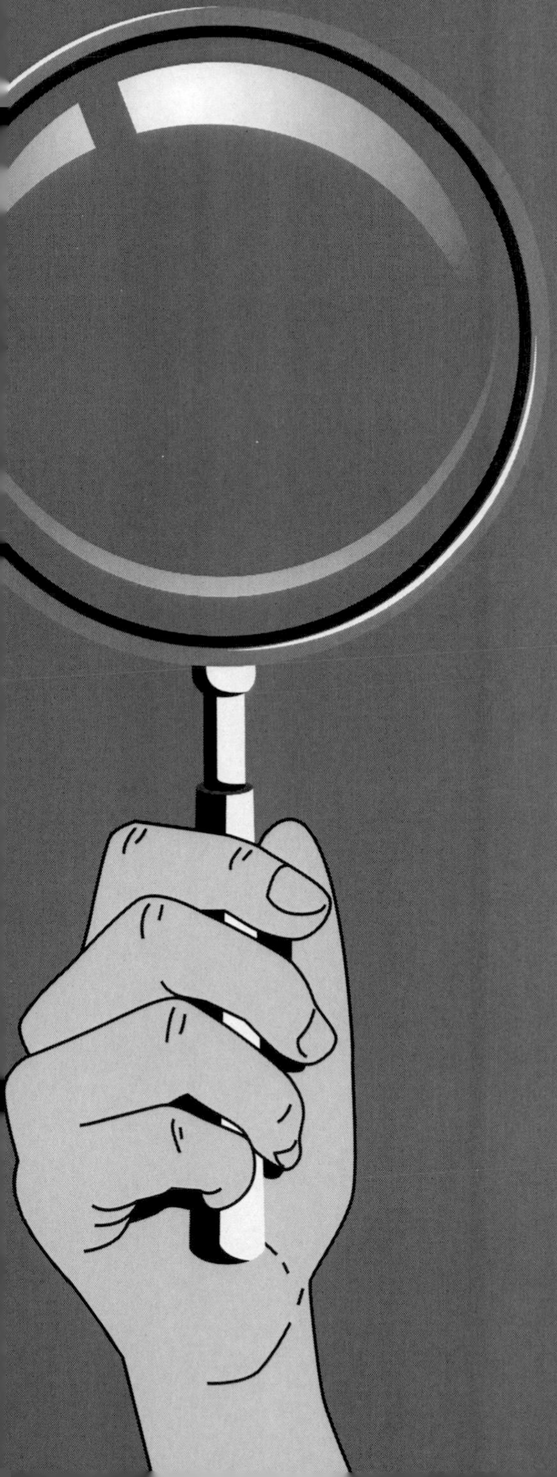

第三章　朋友的小事是自己的大事

你怎樣處理和朋友之間的小事？這些小事有時候會在不經意間成為大事，影響你們之間的友誼。

給朋友留點自尊

在日常生活中，我們每個人都有自己的一個大大小小的交際圈子，那麼在這個圈子中，你自然是圈子的中心點。有些時候，我們往往以自己朋友多而感到驕傲和自豪。如果你是一個朋友很多的人，你也許會忽略掉一件小事情，那就是尊重你朋友的觀點。因為在你的交友圈裡，你自然而然會成為這個圈的中心人物，所以有時難免喜歡主觀武斷，不喜歡苟同別人的觀點，一切以自己為中心。要知道如果你失去尊重，那麼這樣的友誼是不可能長久的，只有互相尊重對方，才能相互認可，才能體驗到對方的心情，讓對方樂於接受。

其實，自尊心是人人都擁有的。上至帝王將相、偉人領袖，下至平民百姓，都有被尊重的需要。但是，在現實生活中，許多人所犯的錯誤，就是過分強調自己的自尊心，而忽略了朋友的自尊。殊不知，朋友也希望得到肯定，沒有任何一個人願意被別人傷及自尊。

作為朋友，你千萬不要忽略尊重他人觀點這件小事，即便朋友錯了，也不要傷了朋友的自尊。

林肯（Abraham Lincoln）年輕的時候，住在印第安那州，那時候的他年輕氣盛，憑藉自己的才華，喜歡評論是非，還常常寫信和詩諷刺別人，尤其是自己的朋友，他更是直言諷刺，以致於他的一些朋友很怕見到他。

有一次，在朋友聚會中，林肯當著眾人的面諷刺自己的好友哈羅斯，這讓哈羅斯很沒面子，儘管哈羅斯事後沒有和林肯計較，但是有人私下對林肯說，你這樣諷刺哈羅斯是不對的，儘管你說的都是對的，但是你也要照顧到你朋友的自尊心。

可是，林肯根本沒有把這件小事放在心上，仍舊喜歡諷刺別人。

一八四二年秋，已經成為實習律師的林肯，在當地的一家報紙上寫了一封匿名信，諷刺當時的一名自視甚高的好友詹姆士．席爾斯，引發了全鎮人的哄笑。

席爾斯知道這件事情是自己的朋友林肯做的時，憤怒不已，即刻找到林肯，下戰書要求決鬥。林肯逼得走投無路，只好答應了挑戰。由於自己的好友詹姆士．席爾斯曾在美國著名的西點軍校學習過劍術，善用騎兵的腰劍，在決鬥的那一天，自己差點死在了好友詹姆士．席爾斯的劍下。幸虧在最後一分鐘，詹姆士．席爾斯看在友情的份上，放了林肯一馬。

這件事情終於給了林肯最深刻的一個教訓，從此他學會了與人相處的藝術，他再也不寫信罵人、任意嘲弄人或為某事指責人了，此刻的他深刻明白了這個道理：如果不把別人的自尊當一回事，別人就不會把你的生命當一回事。

南北戰爭的時候，林肯新任命的將軍在戰爭中一次又一次地慘敗，使林肯很失望。全國有半數以上的人，都在臭罵那些無用的將軍們，但林肯卻沒吭一聲。他喜歡引用一句話：「不要評議別人，別人才不會評議你。」

當林肯太太和其他人對南方人士有所非議的時候，林肯總是回答說：「不要批評他們；如果我處在同樣情況下，也會跟他們一樣的。」

正是由於林肯從那以後，再沒有忽略掉顧及朋友自尊這件小事，才會有那麼多朋友幫助他、支持他，讓他成為了美國歷史上最偉大的一位總統。

幾乎所有的人喜歡的都是玫瑰花而不是花下面的刺。指責就像一根刺，稍不留神就會將別人的自尊心刺傷，指責也往往達不到預期的效果，反而會引起對方的抗拒。更嚴重的是指責還會傷害一個人的自尊。與朋友相處時，萬萬不可傷及朋友的自尊。

對於朋友的做法、建議等，你可以不贊同，但是你必須尊重他，在尊重的前提下，讓他接受你的觀點。

【小提示】

也許，任何時候都要顧及朋友的自尊心，這是一個人與人相處的祕訣，也是他的生活中必須注意的小事。即便你和朋友的觀點不同，但你必須尊重你的朋友，千萬別忽略了這件小事情。

別擺架子

一個人習慣擺架子，結果到哪裡都不被人接受和理解，如果不能注意這件小事的話，他就永遠不會受到別人的喜歡。

生活中，好擺架子的人往往斷送了機會來臨的可能性，他們總是抱著自己的優勢不放，不懂得變通，得不到機會也不會抓住機會，尤其是在朋友面前，如果你喜歡擺架子，就要及早改正它，別讓它成為友情的絆腳石。

孫新是一家建築公司的技術員，經過幾年的努力拼搏，升遷為了這家公司的工程技術總監，買了車和房，事業一帆風順，是朋友裡混得最好的一個。

這一天，孫新忽然接到了同鄉好友趙龍的電話，趙龍說自己原來的公司效益不好，想進孫新的公司。當年孫新和趙龍一起來到這座城市，各自找了不同家的公司，如今孫新已經平步青雲了，趙龍想轉投好友的公司，也想有好發展。

可是，沒想到孫新卻擺起了架子，說：「趙龍啊，你想進我們家公司不是不可以的，但是你不能只打一個電話呀。好歹我現在也是公司的技術總監，以後你在我手底下做事，我們就是上下級關係，你剛開始這樣子讓我感到很為難呀。」

趙龍沒想到孫新在他面前居然擺起了上司的架子，想著如果以後在一起共事的話，孫新會更在自己面前端架子。

趙龍頓時覺得非常失落，想著自己的失意的時候，能夠靠著昔日的好友幫一把，可是如今卻有一種虎落平陽被犬欺的感覺。想到這，趙龍決定不去孫新的公司，去考公務員。

轉眼之間，五年過去了。這天，孫新公司的專案工程驗收不合格，而負責這個專案技術的正是孫新。如果專案無法驗收，工期就會延遲，這樣公司將會蒙受一大筆損失。這樣一來，孫新不僅要賠償公司的損失，而且很有可能會丟了工作。

就在這時，他聽說昔日的同鄉好友趙龍正在主管驗收部門，於是他找到趙龍來關說，希望趙龍能夠在相關人員面前說說情，先驗收，然後再修改不合格的專案，這樣既可以避免了驗收不合格的問題，還不會延期給公司造成損失。

趙龍看到孫新來求他，突然想起了當年自己落難時孫新說的話，頓時一肚子火，想著三十年河東變河西，現在你也有求於我。

最後，趙龍並沒有幫孫新說情，而是公事公辦，一切走流程，讓孫新的工程進行停工處理，並且限期更改不合格專案。

由於孫新工作上的失誤，給公司造成了無可挽回的損失，最後被公司辭退了。

可見，孫新的下場就是因為自己對待朋友的時候，忽略了在好友面前不要端架子這件事，如果當時孫新能夠注意到這一點，放下自己的架子，那麼趙龍可能就會進入孫新的公司，那麼也許就不會造成工程上的問題，即便沒有進入孫新的公司，趙龍也會在最後幫助昔日的好友度過難關。

【小提示】

如果你在朋友面前表現得居高臨下，朋友就會覺得你這個人太不近人意，就會遠離你。雖然擺架子只是一件微不足道的小事，但只有放下架子，真誠懇切，你才能得到朋友的尊敬與幫助。

沒事打個電話

在現代生活中，由於工作、家庭的原因，我們會和身邊的好朋友分離，聚少離多，有的甚至今日一別，十年難見。大家在各自的一片天空下生活忙碌著，但是千萬別忘了，沒事的時候，抽空打個電話，去問候一下遠方的朋友。這也許對你來只是一件舉手之勞的事情，可是對你的好朋友來說，這個電話意義重大，代表了你對遠方的他的關心，會讓他感到你這個朋友即使再忙，也沒有忘記他，讓他感受到朋友關懷的溫暖、友情的可貴。

相反，如果你很長時間沒有打電話給你的朋友，你的朋友會覺得你忘記了他。那麼，即使你們以前是最好的兄弟，關係也會隨著歲月的流逝漸漸地淡去。

王宇和陳鵬是大學同學，兩個人不僅是同一個宿舍，而且還睡上下鋪。由於兩人的性格和興趣相仿，所以在四年的大學生活後，兩人結下了深厚的友誼，是一對「好麻吉」。

大學畢業後，兩人分別找了不同的工作，王宇留在了臺北，而陳鵬則去了香港一家公司。剛開始的時候，兩人時常聯絡，可是因為距離的關係，工作的繁忙，兩個人的聯繫越來越少。

五年後，王宇在臺北的事業有了很好的發展，被提升為部門的經理，工作也就更加忙碌了。此時，王宇找了一個女朋友，平時除了工作以外，王宇把所有的時間都放在了女朋友身上。有時候，王宇自己都感慨恨不得有分身之術，有三頭六臂才好。

一年後，王宇準備和女朋友結婚。在選擇伴郎的時候，王宇想到自己的大學好友陳鵬，想憑自己和陳鵬大學時候的關係，陳鵬一定很快答應。

王宇想到自己大學的好友給自己做伴郎，心裡暗自高興，並立即找到了陳鵬的電話，立即撥打。當王宇撥通電話後，說自己馬上要結婚。

電話那頭的陳鵬接到電話後，聽說王宇結婚的消息，並沒有感到一絲驚喜，語氣很平淡。當王宇告訴陳鵬邀請自己來當伴郎時，而陳鵬以自己工作忙走不開為理由，冷漠拒絕了。陳鵬只是在電話那頭說了幾句祝福的話語，便說有事匆匆掛斷了電話。

王宇聽到電話那頭的掛斷聲，心裡很不是滋味。未婚妻看到王宇一臉沮喪，安慰說：「這也不能完全怪陳鵬，你想想看有多少年沒有和人家聯絡了。這麼多年，你連一通電話都不打，現在別人對你冷淡也是情理之中的事情。朋友之間是需要經常聯絡的，不然感情就會變淡，就算是親戚之間這麼長時間不聯絡，也會形同陌路，更何況是朋友之間呢？」

王宇聽了未婚妻的一番話，覺得很有道理，要怪就怪自己對這份友情太疏忽了，平時總認為打個電話是個小事，可以打也可以不打，友情也不會因為一個小小電話而改變。沒想到，由於長時間不聯絡，當年非常要好的朋友，現在變成了陌生人。

想到這，王宇為失去人生中一個很好的朋友而感到惋惜，想如果平時多一點聯絡，沒事打個電話，那麼自己新婚的伴郎就一定是陳鵬了。

有時候，打個電話給朋友對你來說的確是一件小事，可是往往我們因為忽略了這件小事，而丟失了人生中的一個好朋友。沒事打個電話給遠在異地的朋友，即便沒有重要的事情，哪怕只是閒聊幾句，這也是很必要的，這會讓友情得以延續下去。

【小提示】

朋友是一輩子的，但是一輩子的朋友需要經常聯繫。所以，千萬不要忽略了沒事給朋友打個電話，哪怕總是一句簡單的寒暄、一個簡短的問候。在你心裡也許是微不足道的小事，但是在你朋友心裡卻是一件大事。

不要「捆」得太緊

通常，我們在形容朋友關係親密時，說「形影不離」或者說「好得就像穿一條褲子一樣」。與朋友關係好固然是一件好事，但是有一件小事千萬不可忽略了，那就是不能把朋友「捆」得太緊。友情和愛情一樣，都需要一定自由的空間，如果你把朋友「捆」得太緊，就會讓友情窒息而亡，所以再好的朋友，也要保持一定的空間、一定的距離。只有這樣，友情才會持久維持下去。

有許多人一見面就有一種「相見恨晚」、「一見如故」的感覺，這是因為被彼此身上的某些個性或特徵所吸收，一下子就成了密不可分的親密好友。但是無論兩個人之間有多麼大的吸引力，不容否認的現實是：人只是社會一分子，彼此之間互相依賴，共同生存。但人又是一個獨立的個體，你只能成為你自己，世界上沒有一個人完全像你，你也不可能成為其他人。你與你的親密好友之間也有很大的差異，由於你們所生存的環境不同，你們所接受的教育程度不同，你們也就擁有了不同的人生觀與價值觀。如果你們之間不存在差異，也就不會存在彼此相吸了。就像物理學上的電子一樣，同性相斥，異性相吸。對於人來說，無論是同性還是異性都適用。所以，再親密的朋友之間，都不要忘了這件小事，不要把友情「捆」死了。

小梁大學畢業後，進入一家製造企業上班。進入公司後，對於這些剛來企業的新手，公司給每三位新員工配了一名有豐富經驗的老師傅，來指導他們，進行工作教學。

小梁是一個非常勤快的年輕人，不僅人憨厚老實，而且從來不怕吃苦，不怕髒不怕累搶著做，這一點很受他的師傅老張的喜愛。

時間久了，師徒兩人成了一對無話不談的好朋友。上班、下班，吃飯、休息，師徒兩人簡直是形影不離。由於老張對自己這個小徒弟格外有眼緣，所以平時也格外關照這個徒弟，把自己所有的經驗絲毫不保留地傳給了小梁。

可是，半年相處下來，老張發現這個徒弟小梁有點太「黏人」了，無論事情大小、什麼樣的場合，小梁只要有事，總是找老張，讓老張失去了自己的時間和空間，工廠裡的人們都說老張後面長了一個「小尾巴」。

有時候，老張想和幾個老同事聊聊天，可是小梁總是跟在自己的後面。剛開始的時候，老張不好意思對小梁說。

有一天，老張想去找廠裡的老李，談談升遷的事情，可是小梁仍舊黏著老張，問這問那的，這讓老張心裡非常著急。

情急之下，為了擺脫小梁這個尾巴，老張不耐煩說道：「小梁啊，你能不能不要每天像個跟屁蟲一樣，跟在我的後面呀？你知不知道這樣很讓人討厭！」

小梁愣住了，看著老張一臉厭惡的表情，只好悻然轉身離開。小梁心裡非常難過，在他心裡，他早已經把老張看作是自己最敬重的師傅，而且還把老張看作是自己最好的朋友。如今老張說討厭他，小梁流下了傷心的淚水。

可以看出，小梁的受傷完全是他平時不注意處理朋友之間的小細節，認為「黏人」這件小事絲毫不會影響到他和老張之間的交情。可是，正是由於小梁忽略了這點，讓老張對小梁產生了厭惡之情，師徒兩人的友情出現了裂痕。

【小提示】

再好的朋友都需要自己獨立的空間，別把最要好的朋友始終「捆」在自己的身邊，那樣會讓好朋友非常不自在，所以在與朋友相處過程中，不要忽略了給朋友一定自由空間這件小事，當你注意了，故事中小梁的事情就不會發生在你的身上。

朋友面前要低調

在日常生活中，我們會注意到這樣的場景：一群朋友聚在一起，常常會誇大吹噓，說著一些不著邊際的話，好讓自己在朋友們面前很有面子，以此來滿足自己的虛榮心。如果你也曾經這樣過，那你肯定忽略了在朋友面前需要低調這件小事。因為真正的朋友需要彼此之間的坦誠相見，而不是不著邊際地說大話。當謊言被揭穿的那一天，將會給你和朋友之間的友誼造成極大的損傷，因為友情貴在彼此之間的真誠和信任，一旦說了謊言，那麼再堅固的友誼也會存在彌補不了的隔閡。

余軍不久前提升為了公司的業務主管，並且憑藉這一年的突出業績，年底時，老闆在尾牙上特別稱讚了他，並在頒發獎金外，額外還給了他一個紅包。這讓余軍心花怒放，有點飄飄然，於是，他決定邀請自己的朋友們來慶祝一番，分享自己的喜悅。

在飯桌上，余軍自然成為晚宴的主角。酒過三巡後，他面對所有人說起了自己這一年來如何兢兢業業，如何累積知識，如何完成別人無法勝任的工作等等，就是沒有提及一句感謝上司對他的信任和重用，還有部門同事們及其下屬對他的幫助和合作之類的話。余軍在整個晚宴都在自吹自擂，這讓同部門的小謝和小劉聽起來非常不舒服，雖然在飯桌上都沒有說什麼，但是聽著余軍太過吹噓自己了，要知道余軍這次能夠升遷，一大半的功勞在於部門同事們的鼎力相助。於是，部門的同事們匆匆吃完飯，就說有事先走了。

余軍看到同事走了，更有了吹牛的底氣。他對著自己兒時的好友范強說，自己這幾年賺了不少錢，年薪有新臺幣兩百五十萬，公司還給他配車，公司的上司非常器重他，完全是因為他的能力強。而范強如今只是一個公司的普通員工，聽余軍說自己現在事業前途無量，心想這幾年一定累積了不少錢，正好自己準備買房子，手頭上缺錢，何不向身邊這位意氣風發的好友借點錢呢。

於是，范強向余軍開口借新臺幣一百萬。余軍晚上喝了不少酒，又在興頭上，拍著胸脯答應借錢給范強，這讓范強喜出望外，心裡非常感動地說這個好友沒白交。

幾天後，當范強打電話給余軍問借錢的事，余軍頓時傻眼了。別說新臺幣一百萬，就連新臺幣十萬他現在都拿不出來，而且每個月他除了吃喝，還要付房租。儘管升遷了，可是薪水並沒有漲多少，他後悔不已自己把牛吹得太大了，把年薪有新臺幣六十多萬說成了年薪有新臺幣兩百五十萬。

後來，范強打了幾次電話給余軍，余軍找了各種理由，最後范強生氣地說：「如果你不想借錢，就明說嘛，幹嘛找理由，算我這麼多年白交了你這個朋友。」

以後范強再也沒有聯繫余軍，多年的好友從此形同陌路了，這讓余軍心痛不已。

在現實生活中，朋友之間相互吹噓是常有的事，為了自己能夠在朋友面前不丟面子，往往是打腫臉充胖子，往誇大其詞的方向說。可是，一旦自己吹噓過了頭，或者不能滿足朋友向你求助，你就會陷入進退兩難的境地。余軍之所以不能兌現范強的求助，就是因為自己太過吹噓的緣故，從而葬送了一個兒時多年的好友。如果余軍在升遷之後，能夠注意低調，只是請朋友們吃一頓，簡單地慶祝一番，不僅可以加深朋友之間的友誼，而且也贏得了同事們的敬重。正是余軍忽略了低調這件小事，完全沒有把低調放在心上，最後傷了朋友的心。

【小提示】

塵世紛雜、千態萬象。你我步入其中，難免與各色人物交流碰撞，更難免遭受打擊和傷害。有些人認為朋友之間不需要低調，其實不然。即便你小有成就，也不能在朋友面前吹噓，應該始終注意低調這件小事。保持低調，會讓你的朋友覺得你更謙虛，容易相處，會更好地提升你的人格魅力，得到朋友們的敬佩。

不要太「熱情」

我們常說，結交朋友就要長久，可是很多時候，朋友之間的友情經過一段時間後枯萎了，這是為什麼呢？哪怕是志趣相投的朋友，經歷了一段時間後，最後由知己變成了普通朋友，最後變成了陌生人。

其實，原因很簡單，那就是我們忽略了朋友相處之道中的一件小事——對朋友不要太熱情。

有句諺語說得好：「一頓飯是恩人，一百頓飯是仇人。」朋友之間的相處也是如此，剛開始相處的時候，總是彼此之間很熱情，對待彼此就如同手足一樣，大有一種相見恨晚的感覺。

可是，如果你剛開始的時候，對朋友太熱情，隨著時間久了，這份熱情就會慢慢褪去，那麼朋友就會覺得你沒有以前對他那樣好了，隨之而來就是友情的冷卻了。所以，要想成為長久的朋友，你千萬不要忽略了剛開始不要太熱情這件小事。

阿南和阿貴在一家酒吧喝酒時認識，兩人剛見面的時候，就一見如故，聊得非常投機，於是兩人馬上成為了朋友。

阿南是一個對待朋友非常忠誠的人，尤其是和自己談得來的朋友，非常慷慨和大方。每次喝酒的時候，阿南總會叫上阿貴，而每次喝完酒的時候，阿南搶著幫阿貴付錢。

有一次阿南和阿貴一起出去玩，可是整個晚上，阿貴一個人在那裡喝悶酒。阿南看到阿貴好像有心事，就問：「阿貴，你今天怎麼啦？出了什麼事情了嗎？有什麼困難和我說嘛。我們是好朋友，或許可以幫你出出主意。」

阿貴見阿南說得很誠懇，這才開口：「我弟弟後天要上學了，家裡還在為學費煩惱呢。」

阿南聽到阿貴為弟弟的學費煩惱，馬上從口袋裡掏出了新臺幣一萬，遞給了阿貴。阿貴剛開始還在推辭，阿南說：「我們是好兄弟，你先收下，就當是我先借給你的，以後你什麼時候候有錢，再還我。」

弟弟的學費有了著落，阿貴終於眉頭舒展起來。

還有一次，阿貴的母親生病住院了，需要一筆醫藥費。阿南知道阿貴手頭並不寬裕，主動去醫院送了新臺幣五萬元給阿貴，這筆雪中送炭的錢，讓阿貴感激涕零。

在今後的交往中，只要阿貴有了困難，阿南都會非常熱情地伸出援助之手，在他的心裡認為，既然是好朋友，就應該在朋友遇到困難的時候，去主動幫助他一把。

忽然有一天，阿貴打電話給阿南，說要向他借新臺幣五十萬，和別人合夥開一家飯店。可是恰巧這個時候，阿南的錢都投進了股市，被套住了，一時間自己也沒錢了。

然而，從那以後，阿南忽然感覺到阿貴開始疏遠自己了，聚在一起的次數越來越少，打電話沒聊幾句就掛了電話。

後來，阿南聽人說，阿貴之所以離阿南遠了，是因為那一次阿南沒有借錢給阿貴開飯店的事，阿貴說：「還是最好的朋友，在我最需要的時候，竟然說自己沒錢，真小氣！」

阿南知道後，心裡很不是滋味，不知道自己錯在了哪裡。

其實，阿南並不是沒有錯，他忽略了朋友之間交往不能太熱情這件小事。如果剛開始的時候，你對別人特別好，別人會把你看得很重要，視你為最好的朋友，但是一旦哪一天你失去了剛開始的熱情，朋友立即就會感受到一種強烈的反差。如果這種反差不能被朋友所理解和接受，那麼你們的友情就會出現裂痕，甚至斷裂。

所以，剛開始朋友相處的時候，如果對待別人過分「熱情」，剛開始會很受歡迎，往後會變成不受歡迎的人。即使是朝夕相處的朋友也不例外。因為有些時候，過分「熱情」反而會損傷你們的之間的友誼。

【小提示】
人性複雜，你最好的朋友也不例外，如果你是一個天生的熱心腸，對待任何人都是滿腔熱情，恨不得將心掏給對方，但千萬不能忽略了對朋友不能太熱情這件小事，否則最後不堪設想。

找到共鳴

人們常說，酒逢知己千杯少，話不投機半句多。在大千世界中，我們每個人都需要有自己的朋友，因為朋友可以讓我們不再感到孤單，朋友可以讓我們感受到生活的美好。朋友是同一個靈魂寄在兩上身軀殼中，朋友之情，實在是一切人情的基礎。世界上沒有比友誼更美好，更令人愉快的東西了;沒有友誼，世界仿佛失去了太陽。朋友就像那天上的明日照亮你前進的方向。

那麼，與朋友相處，最重要的事是什麼呢？其中有一件小事是不容忽略的，那就是要尋找到你們的共鳴。

因為在交朋友過程中，不是每一個人都適合與你做朋友的，只要找到和你志同道合的人，才能夠高山流水永長存。

有人說交朋友不就是隨意性和自由性，朋友可以隨意組合，給人輕鬆的感覺，然而他們往往忽略了尋找共鳴這件小事。如果兩個人沒有共鳴，那樣的友情就不會長久，甚至還會給你帶來災難。

所以說，千萬不要忽略找尋共鳴這件小事，那是你得到真正朋友的關鍵。

法國著名的博物學家拉馬克是生物進化學說的奠基人之一。他的成功，除自身的因素外，還得益於他的兩個親密朋友。

一七六六年，拉馬克（Jean-Baptiste Lamarck）因為身體健康原因，改學醫學，同時兼修學習化學、物理學、氣象學和植物學等。

這天，拉馬克正在巴黎的一個植物園散步，觀察植物園裡的植物，為自己研究準備資料。這時，他偶然遇見了當時法國著名的哲學家、作家盧梭（Jean-JacquesRousseau），兩人坐在一起閒聊起來，兩人是一見如故，談話很投機。盧梭感到拉馬克上進心強，知識淵博，是個奮發有為的青年，拉馬克也覺得盧梭是個不可多得的良師益友，兩人大有相見恨晚的感覺。

後來透過盧梭的關係，拉馬克幸運地進入了皇家植物園植物研究室。在這裡，拉馬克又結識了法國當時最有名望的科學家布豐（Georges-LouisLeclerc,ComtedeBuffon）。並且與布豐也能有共鳴，成了很要好的朋友，後經布豐提名，拉馬克成為巴黎科學院的植物院士。

一七八一年，布豐為拉馬克提供了一次遊歷歐洲的機會，拉馬克帶著布豐的兒子，以法國皇家植物學家的身份出外考察。在這次遊歷中，他收集了大量的動物、植物和礦石標本，大大開闊了眼界和見識，為今後的科學研究打下了堅實的基礎。

法國大革命後，皇家植物園改為國立自然歷史博物館，一七九三年拉馬克出任自然歷史博物館無脊椎動物學教授。以前，拉馬克曾堅信基督教教義，認為世界萬物都是神創造的，是永不可變的。但是，當他從植物學轉向動物學研究以後，透過對生物發生發展的大量觀察和研究，思想發生了根本性的變化，逐漸成了一個進化論者。

拉馬克的成功正好應中了我們前面所說的那句話，與朋友交往，首先不能忽略尋找共同點，找到共鳴之處。

朋友之間的親疏關係與是否有共鳴有著直接關係，就像作家周國平說：「我相信，一切好的友誼都是自然而然形成的，不是刻意求得的。我們身上都有一種直覺，當我們初次與人相識時，只要一開始談話，就很快能夠感覺到彼此是否相投。當兩個人的心性非常接近時，或者非常遠離時，我們的本能下判斷最快，立刻會感到默契或抵觸。對於那些中間狀態，我們也許要稍費斟酌，斟酌的快慢是和它們偏向某一端的程度成比例的。」這就說明，兩個人能否成為朋友，基本上是在他們開始交往之前就決定的事情，也就是說，人與人這間關係的親疏，並不是由願望決定的，而是由有關人各自的心性及其契合程度決定的。

【小提示】

在與朋友相處的過程中，要學會向他們展示你不同的面向，如生活、情趣和感情等。不論你和什麼樣的人交往，千萬不要忽略尋找共鳴這件小事，一旦你忽略了，你就不知道你交往的是什麼樣的人，對你的一生有何用處。

第四章　小習慣打造出不一樣的你

你的看似不起眼的小習慣，有可能會左右你的一生。成可能是習慣，敗也可能是習慣，有良好的習慣，會成就不一樣的你。

循序才能漸進

生活中，但凡有一定理想和一定抱負的人，都想做出一番成績，來實現自己的人生價值。然而，當我們渴望成功的時候，我們就已經站在了失敗的路口，因為我們首先就忽略了做事要養成循序漸進的好習慣。

我們常常聽有些人這樣誇誇其談：「我們要麼不做，要做就要做大事情，闖蕩出一番大事業來。」這樣的人開公司，自己根本毫無經驗，一開始就要自己當老闆；這樣的人做生意，自己沒有一點生意經，卻剛開頭就想簽下大訂單……這樣的人注定會失敗，因為他們從剛開始就沒有循序漸進，急功近利。急於求成是做不成任何事情的！

這些人根本做不成大事情，也做不出大事業來，等待他們的只有失敗。所以，跟這些人在一起學習，只會到頭來害了我們自己。

誠然，我們都說不想做元帥的士兵不是好士兵，但是前提是我們應該從士兵做起，一步一步，一級級往上提升，不可能一下從士兵變成將軍。滴水可見江河，是因為有無數滴水匯成小溪，小溪再匯成江河；小草可見春天，是因為小草從破土萌芽開始，慢慢長大，漸漸地讓江河大地變綠。

世上的一切事情都是由一件件事情循序累積而成的。眼前的一小步或許正是將來大成績的幼苗和基石，只有按部就班，做好每一件事情，才能一步步走向成功，所以一定不能急功近利。

湯姆、納尼和布蘭德是一家修理廠的汽車修理工，熟悉各種汽車修理技術，他們都想自己有一天可以製造一輛屬於自己的汽車。

機會終於來了，經過一個朋友的推薦，湯姆、納尼和布蘭德三人進入了美國當時最大的汽車生產公司——福特汽車公司，做了一名工廠裡的雜工。他們每一天做的事就是從倉庫裡搬運一些汽車的配件到工作室，或者把不用的零件放回倉庫裡。那些參與汽車製造與組裝的工作，從來不讓他們接觸。

這一天，布蘭德終於沉不住氣了，說：「我們來這裡不是當搬運工的，我們是來製造汽車，做一名汽車組裝與修理的高級技術師的。與其每天在這裡搬運，還不如去做我們的修理工呢。我決定了，我要辭職，回去開一家自己的汽車修理公司。你們也跟我一起吧，我們一起做，一起做老闆，總比在這裡做搬運工好多了。」

對於布蘭德的提議，納尼一聽非常興奮，舉起雙手贊成，說：「我們自己回去當老闆，說不定將來會開一家比福特更大的汽車公司，我們在這不會有很大的前途。」可是，湯姆比較猶豫，因為開一家汽車修理公司需要一大筆資金，雖然他們幾個有技術，但是他們沒有客戶源。湯姆想了想，決定還是繼續留在福特做下去，而納尼和布蘭德則離開了福特，回去開公司了。

湯姆開始對工廠的生產情形進行全盤的了解。他知道一部汽車由零件到裝配出廠，大約要經十三個部門的合作，而每一個部門的工作性質都不相同。他當時想：既然自己要在汽車製造這一行做一番事業，就必須對汽車的全部製造過程都能有深刻的了解。

由於雜工不屬於正式工人，也沒有固定的工作場所，哪裡有零工就要到哪裡去，湯姆可以有機會和工廠的各部門接觸，對各部門的工作性質有了初步的了解。

在當了一年多的搬運工後，湯姆申請調到汽車椅墊部工作。不久，他就把製椅墊的手藝學會了。後來，湯姆主動申請去了零件裝配部、車體組裝部、調試部等部門去工作。在短短的五年裡，他熟悉了汽車生產的每個部門。

公司裡的一個同事對湯姆的舉動十分不解，他質問湯姆：「你工作已經五年了，總是不停地做些焊接、刷漆、製造零件的小事，恐怕會耽誤前途吧？我勸你還是不要這樣，否則一事無成。」

湯姆解釋說：「我並不這麼認為，千萬不要小看每個部門的這些小事。成為一名汽車製造工程師，就必須掌握汽車生產的整個工作流程，因為我要學的並不是某個零件怎麼製造的，而是要知道一輛汽車是怎麼誕生的。」

幾年後，湯姆已經掌握汽車生產的所有知識，哪怕是一個零件是如何製造的，湯姆都瞭若指掌，他懂得各種零件的製造情形，也能分辨零件的優劣，沒過多久，他就成了裝配線上最出色的人物。

很快，他就晉升為領班，並逐步成為生產線上的裝配工程師，最後成為了福特汽車生產的總工程師，而納尼由於聽信了布蘭德的話，合夥開了一家公司。可是公司運營沒多久，由於缺乏管理經驗，很快被同行業擠垮了，公司也倒閉了，還欠下了一大筆外債。

的確，只有心存遠大志向，才可能成為傑出人物。但要成功，光有心高氣傲遠遠不夠，還需要從循序漸進做起。在社會競爭日益激烈的今天，注重每一步，步步為營，在每一件事情上下功夫，是擊敗對手、掌握主動進而走上成功的法寶。

【小提示】

做任何事情，我們都需要一步一個腳印，走好每一步，按部就班，循序漸進，如果你想一口就吃成一個胖子，或者想一步登天，要麼你會被噎死，要麼你會從高處摔死。如果你是有一個有抱負，有一個宏偉藍圖的人，那麼不妨靜下心來，從最基層的事做起，終有一天你會擁抱成功。

小幽默讓你有人緣

在生活中，我們常常可以看到，一個喜歡搞笑幽默的人總會得到人們的喜歡，因為他會把歡樂帶給人們，讓人們體會到生活的歡樂。

另外，如果你是一個能夠幽默的人，還會在生活中化解很多矛盾，讓人們能夠「一笑了之」、「一笑泯恩仇」。

如果你忽略了生活中幽默這件小事，而是想說什麼就說什麼，結果常常鬧出一些矛盾和是非。懂得生活的人要避免犯這樣的錯誤，注意說話時的幽默，做到說話看對象，即便當別人給你難堪時，你也要採用機智而不失風度的幽默方式進行還擊。

生活中，適時地培養自己的幽默風格，會讓你的生活變得與眾不同。

尼爾曼第一次在美國眾議院發表演講時，被言詞犀利的紐澤西州的代表菲爾普斯在中間這樣譏諷了一句：「這位從伊利諾伊來的先生，恐怕口袋裡裝滿了燕麥吧！」

全院的人聽了便哄堂大笑起來。要是換了一個薄臉皮的人，遭到這番譏笑恐怕就會不知所措了。但是尼爾曼卻不然，他雖然外表粗蠻，但內心裡卻非常明白這句話的意義。

「是的，我不僅口袋裡有燕麥，而且頭髮裡還藏著草籽。我們西部的人，很多都有濃厚的鄉土味，不過我們的草籽是好的，能夠長出好苗來。」

就憑著這種反駁，尼爾曼的名聲越來越大，人們都稱他為「伊利諾伊的草籽議員」。他能夠把別人的批評，轉變為對自己有利的稱讚和同情，是因為他熟悉自嘲的方式。但在這自嘲之外，他又能從容地對別人的指責進行反擊。

※　※　※

納爾遜．曼德拉（Nelson Rolihlahla Mandela）是南非著名的政治家、外交家，一生都致力於解放南非黑人的偉大事業。一九六二年被捕後被判終身監禁。在獄中，他從不妥協，並為將來的抗爭做了大量的準備工作。迫於南非黑人的抗爭和國際輿論的壓力，南非白人政府被迫釋放了曼德拉。一九九四年四月，曼德拉當選為南非歷史上第一位黑人總統。在那漫長的反種族歧視的征途中，他的喜、怒、哀、樂都成為世人關注的焦點。

曼德拉出獄後，不僅要處理繁忙的工作，還得應對南非右翼勢力的威脅和迫害。當有人告訴曼德拉白人右翼勢力已經放話要來要暗殺他時，曼德拉卻十分輕鬆地回答：「我太忙了，無暇顧及我的生命。」

一九九一年十月，英聯邦國家舉行高峰會，曼德拉應邀參加。在一次記者招待會上，一位年輕的白人記者問曼德拉：「南非局勢那麼亂，黑人參政到底有無希望？」

對於這樣的提問，本來應很生氣的曼德拉竟然十分親切回答了他：「年輕人，我的年齡是你的一倍還多，但我比你樂觀得多，你為何如此悲觀呢？」

此言一出，全場哄堂大笑。原以為所提問題會使曼德拉十分難堪的那位白人記者卻落得自己難堪起來。

輪到一位黑人記者提問題了，他支支吾吾得說：「我的問題被剛才那個人提過了……」

曼德拉緊接著說：「那麼剛才那個人是把你嘴巴叼走的小狗。」

會場裡又是一次哄堂大笑。

這裡，針對不同的對手，曼德拉採用了不同的回答方式。對那位首先提出問題的白人記者，作為黑人的他控制住自己的情緒，以一個長者的身分巧妙做了回答；而在回答那位黑人記者時，他又不露聲色地將自己的情緒發洩了出來，而且是以一種幽默機智的形式。

【小提示】

生活中，每個人都有自己的個性、自己的情感，和不同的成長環境，所以在與人交往時他們所展現的方式自然也就不同。因此，面對不同的人，我們千萬不能丟了不時幽默、搞笑這件小事，當你幽默時，你會很輕鬆地處理一些棘手的事情、難堪的局面，讓大家在笑聲中遺忘了彼此的隔閡。

做舉手之勞的事

在生活中，我們往往會遇到許多舉手之勞的事，正是由於這些小事只在舉手投足之間，反而沒有引起我們的重視，常常忽略它。

因此，我們應該養成良好的小習慣，那就是立即做舉手之勞的事情，不要拖延，也不要對此無所謂，比如地上的一個紙團、腳下的一塊磚頭、公共場所的一個菸蒂等等，這些都可能直接影響你的生活態度。舉手之勞的事情不可忽略，它會讓你的人生變得更加美好。

鄭先生的老家是在貧窮的鄉下，自己也沒有讀過幾年書，為了家庭生計，他和許多青年一樣，來到大城市，希望能夠闖下屬於自己的一片天地。

由於鄭先生來自鄉下，工作非常勤奮，一點也不喊苦，這一點讓老闆非常喜歡。

一年後，老闆看他為人忠厚，做事踏實，於是把一個小公司交給他去管理。得到老闆的賞識後，鄭先生處處身先士卒，把公司的每一件小事都做得漂漂亮亮，管理得井井有條，業績直線上升，老闆看到鄭先生不僅人勤勞，而且還非常細心，做事情從來都不馬虎，尤其是對一些舉手之勞的事情，他都會不叫別人，自己順便把這小事情做好。

正好公司這個時候在外商那裡洽談一個專案，之前和這個外商老闆洽談的人都沒有達成合作意願，於是老闆想讓鄭先生去嘗試一下，看他能不能把這個專案給拿下。

當鄭先生見到這個外商，發現這個外商果然不好應對，兩人談判了一個上午都沒有把合約簽訂下來。正好到了午餐時間，鄭先生便邀請這位外商一起在公司的餐廳共進午餐。

午餐後，鄭先生起身的時候，忽然看到椅子面上，一顆釘子已經起來了，露出了頭。如果有人不小心坐上去，很可能起身的時候會把褲子給刮破了。於是，鄭先生拿起窗戶上的逃生錘，將椅子上突起的釘子敲平，然後重新把錘子掛好，這才和外商一起離去。

第二天，當鄭先生早晨上班的時候，他被叫到了老闆的辦公室。老闆告訴他，那個外商昨晚打電話給他，同意了合作，要求今天把合約送過去，可以立即簽下合約。

這個消息無疑讓鄭先生有點吃驚，因為昨天的談判並不怎麼順利，為什麼這個外商忽然改變了主意了呢？

晚上，老闆設宴款待外商。席間，外商輕聲地問鄭先生：「你受過什麼教育？」

鄭先生有點不好意思地回答說：「從小，我家裡很窮，父母不識字，沒有讀過什麼書，我的教育都是父母給的，他們對我的教育是從一粒米、一根線開始的。父母說他們不指望我今後能夠出人頭地、光宗耀祖，只希望我能夠做好自己能夠做的事，哪怕是一件舉手之勞的事情，都要盡力做好，這是我多年以來養成的小習慣。」

外商聽了鄭先生的話，端起酒杯激動說道：「我正是看中了你這一點，一個能細心到把餐廳椅子上釘子修好的人，我把這個專案交給你，我一百個放心。」

由於鄭先生拿下了這項合約，很快被公司老闆升遷成為主任。

鄭先生正是做了一件舉手之勞的事，才贏得了外商的刮目相看，最終非常爽快地簽下了合約。

生活中，很多時候一些舉手之勞的事情被我們所忽略了，所以我們也就看不到這些小事隱藏的機會，因為我們沒有養成立即做舉手之勞的事的習慣。

【小提示】人人都有走向成功的機會。但是，大多數人都沒有能夠抓住機會，因為機會出現都是在一些舉手之勞的事情中，很容易被人們忽略。而那些成功者就是善於做這些舉手之勞的小事，才發展出宏大的事業。

學無止境，終身學習

世界上，總有一些人令我們不得不讓刮目相看——工作後繼續努力深造，讀研究所的；老來上大學，補知識的；在科學事業上刻苦鑽研，更上一層樓的……這些人對自己的人生、對待學習總是抱有不知足的心態，而這種「不知足」正是因為他們沒有忽略人要活到老學到老這件小事。

現在學習並不是定義在學校的課堂上，而是在於平常的生活中，在日常生活中，養成學習的好習慣，別忽略了它，不管你學到的東西是夠用得上或者現在能否用上，當有一天，你需要它的時候，那麼你學來的東西將會派上大用場，為你帶來大收益。

在美國東部的一所大學裡，期中考試的最後一天，一群即將畢業的學生們擠在教學樓的臺階上，正在討論著即將進行的考試，幾年的刻苦學習使他們充滿了自信。畢竟這是他們畢業與工作之前的最後一次測驗了。

其中，一些人在談論他們現在已經找到的工作；而另一些人則談論他們將會得到的工作。帶著經過四年的大學的學習所累積起來的自信，很明顯地他們感覺自己已經準備好了，甚至都覺得自己有足夠的能力和知識來征服這個社會。

這些年輕人一點也不緊張，因為這場即將到來的測驗將會很快結束——教授曾經說過，他們可以帶任何書籍或筆記作參考的。唯一的限制，就是他們不能在測驗的時候交頭接耳。

時間終於到了，他們興高采烈衝進教室。教授把試卷分發下去。當學生們注意到只有五道評論類型的問題時，更加掩飾不住他們內心的興奮。

三個小時過去了，教授開始收試卷。然而，這把年輕人看起來不再自信了，他們的臉上是一種恐懼的表情。沒有一個人說話，教授手裡拿著試卷，面對著整個班級。他看著眼前那一張張焦急的面孔，然後問：「完成五道題目的有多少人？」

沒有一隻手舉起來。

「完成四道題的有多少？」

仍然沒有人舉手。

「三道題？兩道題？」

學生們開始有些不安，在座位上扭來扭去。

「那一道題呢？當然有人完成一道題的。」

但是整個教室仍然很沉默。教授放下試卷，「這正是我期望得到的結果。」他說。

「我只想給你們留下一個深刻的印象——即使你們已經完成了四年的『修行』，關於學習的事情仍然有很多是你們所不知道的。這些你們不能回答的問題是與每天的普通生活實踐相關聯的。」然後他微笑著補充說：「你們都會通過這個課程，但是記住——即使你們現在已是大學畢業生了，你們的教育仍然還只是剛剛開始。」

教授並非真的想用五道難題來打擊學生們的自信心，他的目的僅僅是希望這些學生能夠在以後的工作和生活中，以低姿態學到更多的東西。

世界上還有一些人之所以不能「更上一層樓」，不是因為過於自高自大，而是因為他們忽略了學習這件小事。他們總是以時間、年齡、精力等一系列的藉口，將自己束縛在一個不能繼續學習、修行的位置上，從他們的內心裡就認為不能學習了，他們才學習不到更多東西。

【小提示】

活到老，學到老，每個人若要跟上時代的腳步，就必須不停學習。因為在現代社會中，知識的更新速度越來越快，不努力學習，就會被淘汰。因此，即使是百歲老叟，只要付出，就會有收穫，即使比不上別人，但跟自己比未嘗不是一種超越，只要行動起來，就比原地踏步要強得多。

只要不認輸，就有機會

《禮記．中庸》中說：「君子遵道而行，半塗而廢，吾弗能已矣。」《論語．雍也》中說：「力不足者，中道而廢。」成語「半途而廢」，常用來比喻事情中途停止。

還有一句話，「上帝死了，我們每個人都可以成為上帝」。可事實是「有的人真的成為了上帝，有的人永遠被剝奪了成為上帝的權利」。為什麼？半途而廢無疑是他們自願放棄自己「成為上帝」的絆腳石。

成功需要一個艱苦奮鬥的過程，真正成功的人是能堅持到最後的人。有時候，我們失敗了，那是因為我們忽略了成功需要堅持這根支柱。

成功需要一個艱苦奮鬥的過程，真正成功的人是能堅持到最後的人。有時候，輸贏就在堅持和放棄之間，是堅持還是放棄全在於你。不堅持，你就會輸；不放棄堅持到最後，也許成功就此降臨。在放棄中失敗的人，是自己讓自己失敗；在放棄中失敗的人，其實也是在自己為難自己。因為只要繼續堅持，就能夠到達成功的終點。

傑克騎著新的自行車來到學校，驕傲地宣布自己擁有了最新款的運動自行車。學校每一個孩子都有自行車，就湯姆沒有，因為他的父親生病，家裡的條件一直不好。雖然從來沒有向父親要過自行車，可是他做夢都想有一天他也能騎著像傑克那樣的自行車去上學。

湯姆想盡一切可以賺錢的辦法，甚至偷偷地把家裡的垃圾給賣了，終於他擁有了五美元。可是，一輛自行車至少需要一百美元。五美元和一百美元之間的距離成為了湯姆夢想的距離。但是，湯姆知道自己一定能擁有自己的自行車。

有一天，他在網路上看到了一個拍賣腳踏車的消息。原來海關要拍賣一些沒收的物品，其中就有一批嶄新的腳踏車。當湯姆發現這個消息的時候，他高興壞了。雖然他有些害怕，但是為了心愛的自行車，他決定前往。

拍賣會上人非常多，要拍賣的東西卻越來越少。當拍賣自行車的時候，傑克總是以五塊錢第一個出價，然後眼睜睜看著腳踏車被別人用五十、六十美元買去。拍賣暫停休息時，好奇的拍賣員注意到了傑克，問傑克為什麼不出較高的價格來買，傑克老實地告訴他自己只有五塊錢。拍賣員也老實告訴他，可能拍不到想要的自行車了。

拍賣會又開始了，傑克還是給每輛腳踏車相同的五美元，然後又被別人用較高的價錢買走。後來，大家開始注意到那個總是首先出價的男孩，都知道傑克得不到自己想要的自行車了，因為任何人都可以出比五美元高的價錢把車子騎走。

直到最後一刻，拍賣會要結束了。這時，只剩最後一輛腳踏車，車身光亮如新，有多種排檔、十段桿式變速器、雙向手煞車、速度顯示器和一套夜間電動燈光裝置。這輛車子要比湯姆的新車子還要棒。

拍賣員問：「有誰出價呢？」這時，站在最前面而幾乎已經放棄希望的傑克，輕聲再說一次：「我出五美元。」他的聲音很小，因為他不敢大聲地出價。這時，所有在場的人全部盯住這位小男孩，沒有人出聲，沒有人舉手，也沒有人喊價。直到拍賣員唱價三次後，他大聲地說：「這輛腳踏車賣給這位穿短褲、白球鞋的年輕人！」

此話一出，全場鼓掌。傑克被發生的一切驚呆了，他不相信自己真的競標到了臺上那輛自行車，就像是自己在做夢一樣。傑克拿出握在手中僅有的五美元，買到了那輛毫無疑問是世上最漂亮的腳踏車，他臉上流露出從未有過的幸福和滿足。

對於傑克來說，想得到自行車的願望是如此強烈，以至於在看似沒有任何希望的時候都不放棄。傑克因為沒有放棄最後的一點希望，而最終得到了想要的自行車。可以認為，在拍賣大廳的每一個人都被傑克堅持不放棄的精神感動了。

成功需要一個艱苦奮鬥的過程，真正成功的人是能堅持到最後的人。巨大的成功依靠的不是力量而是韌性。我們總是看到成功的結果，而看不到成功背後的堅持。成功的人不一定是聰明過人，但都是在所有人都放棄的時候還能繼續堅持的人。

【小提示】

有時候，輸贏就在堅持和放棄之間，是堅持還是放棄全在於你。不堅持，你就會輸；不放棄堅持到最後，也許成功就此降臨。在放棄中失敗的人，是自己讓自己失敗；在放棄中失敗的人，其實也是在自己為難自己。因為只要繼續堅持，就能夠到達成功的終點。

培養一個生活的樂趣

人活著總是有趣的，即便是煩惱，也應該是有趣的。名人之所以有名，偉人之所以偉大，就是因為他們對待生活中的每一件小事都充滿情趣，富於人情味，因而他們得到世人的尊崇與信任。

給自己在生活中培養出一個樂趣的習慣，即便是一個很小的樂趣，如果你把它養成了一種習慣，你會發現你的生活因為這個小小的樂趣，充滿了歡樂和趣味。

法國著名小說家巴爾札克（Honoréde Balzac）一生中共完成了九十多部長篇小說，他勤奮寫作的難度是可想而知的，但是就是在他日以繼夜的寫作裡，他的日常生活中仍然充滿了情趣，他自己做出了許多情趣盎然的小事，其中充滿了他的學識和智慧。

巴爾札克的想像力極為豐富，所以他在寫作時不需要任何參考書籍，似乎所有的參考資料都在他的腦海中，只要構思好一個素材，寫作時便文思如湧，一篇篇好的文章便不斷從筆下流出來。巴爾札克的書房中，有巨大的書架，遠遠望去，滿架都是世界經典名著，從那一冊冊的書上看，許多是人們幾乎從沒見過的。有一次，巴爾札克在一個小型演講會上說：「我寫作從不參考其他的資料，再說我也沒有可去參考的東西。

人們聽了之後一片譁然。有人問：「巴爾札克先生，你說沒有資料可去參考，那你的書架上擺的是什麼？」

巴爾札克笑著回答說：「哪是書架？是我的牆壁。」

「我不懂您說的是什麼意思？」那個人繼續問。

「好吧，先生們，今天我就請大家參觀一下我的書架，如果你們需要，上面的書可以全部拿走。」巴爾札克說著把大家領進了自己的書房。

當人們走近書架，伸手向那些書摸去時才知道，這個巨大書架上面的書都是畫的。

有人驚訝地問：「巴爾札克先生，您這樣做是為了什麼呢？是充當門面嗎？」

「是的，我只要看到這些『書』，就能想到書中的內容，再說，像我這樣的作家，能沒有世界名著嗎？」巴爾札克說完，自己也哈哈大笑起來。

巴爾札克雖然寫作繁忙，但在生活中卻充滿了機智、幽默和情趣。有一次，他到郵局去取一個朋友寄來的包裹，但人到了郵局後卻發現自己沒有帶證件。工作人員唯恐他是冒領，就是不交給他。巴爾札克說：「你們不認識我，但知道我的名字吧？那我給你們寫一部書吧！」他說著便拿過一張紙伏在櫃檯上寫了起來。他寫了一個小笑話遞給了工作人員，他們看了被逗得哈哈大笑。他又寫了一個，大家笑得更厲害了。他們說：「好了，我們相信你是巴爾札克了，但是我們要罰你再寫三個笑話，就把包裹交給您。」

巴爾札克笑著說：「好的，你們罰我寫六個故事吧，但要給我兩個包裹。」

工作人員又被逗得大笑起來。

在生活中巴爾札克不僅對待朋友如此，連對待小偷也如此。有一次，他夜半醒來，發現一個小偷正在翻他的抽屜，就忍不住地笑起來。

小偷驚訝地問：「你笑什麼？」

巴爾札克說：「我笑你偷東西以前沒打聽聽明白誰是有錢的人家，我在白天自己翻了好久，連一塊錢都沒找到，現在伸手不見五指的能找到什麼？」

小偷自討個沒趣，拔腿要走。巴爾札克又說：「請你順手把門給我關好。」

小偷說：「你什麼東西都沒有，關門做什麼啊？」

巴爾札克幽默說道：「我的門不是用來防盜的，而是用來擋風的。」

在生活中，我們常常可以見到滿腹牢騷、怨天尤人的人，好像不是他應該怎樣去面對世界，而是世界應該怎樣去對待他，這種人到頭來常將一事無成。

這些人往往是因為自己忽略了生活中培養出一種樂趣的小事，才會讓自己的生活變得枯燥無味，讓自己的人生變得失去了樂趣。

【小提示】

每一個人都有自己感興趣的東西或者事，只是很多人忽略了這件小事，才會讓生活失去了色彩，如果你能發現出你的一種樂趣，並把這種樂趣養成一種習慣，那麼你的生活會變得充實起來。

及時糾正小錯誤

很多時候，我們在生活中常常會忽略糾正小錯誤的習慣，認為犯點小錯誤無關緊要，不會造成什麼大的後果，所以漸漸養成了忽視小錯誤的習慣，當有一天，大錯鑄成的時候，那只有後悔的份了。

古語說：「千里之堤，潰於蟻穴」。如果你經常忽略小的錯誤，而沒有加以重視的話，很可能會造成無法挽回的後果。

三國時劉備在白帝城臨終托孤時，仍不忘諄諄告誡劉禪：「勿以善小而不為，勿以惡小而為之。」劉備一世梟雄，留下的名言不多，唯有這句話流傳千古，而且給後人永久的啟示：奉勸人們不要因為某個壞習慣不起眼就不重視。這句話看似淺顯，但卻蘊含著很深的哲理。它告訴我們要在日常生活中不要忽略了小錯誤、小惡習，以免以後因小失大。

美國救生圈公司副總經理兼美國航空業救生公司的總經理查爾斯．皮茲，有一次就不得不開除一個很有希望的年輕職員，原因就是他剛開始的時候沒有注意到工作中的小錯誤，最後犯下了大錯。

這個青年名叫比爾，是由一個小會計一步一步升上來的。因為他很有能力，而且很受人歡迎，所以升得很快，一直升至該公司工程統計部門的主任，負責該公司各項工程的預算。

有一天，一個速錄師查出了他的估算中出了二十美元的差錯，於是報告了比爾。比爾認為二十美元不是什麼大帳，也許是自己統計過程忽略了小數點後面幾位數字導致的。

終於到了年終核算的時候，公司發現帳目竟然與實際相差了兩萬美元之多，經過調查發現，這筆錢都是比爾經手。

可是在接受調查的過程，比爾拒絕承認自己私吞了這筆錢，然而公司也沒有查處這筆錢的去向。

後來，一個速錄師向公司說出了實際的情形：比爾確實沒有私吞這筆錢，原因是每次都在統計帳目的時候，犯了一點小錯誤，沒有統計小數點後面的數字，結果導致了每次都少了幾十美元。比爾認為這個小錯誤絲毫不影響公司的帳目經營，可是沒有想到一年下來，每次都少算的幾十美元竟然累積到了兩萬美元之多。

由於這筆帳目確實是由比爾弄錯，作為統計部的主任犯下了一個很嚴重的錯誤，幸虧發現及時，不然公司將會蒙受更大的損失，於是公司總經理查爾斯．皮茲暫時免去比爾的職務。

年輕的比爾知道這件事情後，非常憤怒：「這個速錄師不應該查問我的核算！他不應當把這個小錯誤提出來。」

「但是你得承認你的核算的確有很大的問題，的確是你錯了，是不是？」皮茲問他。

「是的。」他說。

「那麼，你還認為速記員是不應該說出來，寧願讓公司蒙受更大的損失嗎？就是因為你平時沒有把所犯的小錯誤放在心上，才最後導致了公司帳目上的大問題，你不僅沒有反省自己的錯誤原因，反而還責怪他人。這樣的態度是不可原諒的。」總經理查爾斯．皮茲嚴肅地說。

皮茲本想耐心規勸他，讓他意識到自己的錯誤，在以後的工作中避免再犯類似的小錯誤，重視所犯的小錯誤。可是沒想到比爾絲毫沒有注意到小錯誤的嚴重性。最後，公司決議辭退了比爾，由原來的那位速錄師來暫時頂替比爾的職務。

比爾拿到公司的辭退信時，這才意識到自己真的錯了。忽略了平時的小錯誤，最後犯了大錯，如今後悔卻已經來不及了。

比爾正因為平時忽略了改正小錯誤的習慣，最後導致犯了大錯，而且剛開始還不能意識到小錯誤的嚴重性，不能接受上司的批評，認為自己是完美無缺的，結果給自己帶來了不好的結局！

【小提示】

在日常生活中，我們應該養成及時改正小錯誤的習慣，這是不會發生大錯誤的前提。如果你總是忽略掉小錯誤，認為這只是一件很小的事情，最後一定會導致大錯誤的發生，那麼到時候已經無法挽回了，所以及時發現錯誤，重視別人指出你的小錯誤，防微杜漸，你會一帆風順。

向時間要效率

很多時候，我們花費了時間，花費了精力，得到的效果卻是別人的一半，這就是我們常說的事倍功半，原因在於我們忽略了做事要有效率這件小事。同樣都在做事，有的人注重效率，而有的人卻忽視了它，結果花費了同樣的時間，自然也就得到了不一樣的結果。

在一生中，我們總有種種的憧憬，種種的理想，種種的規劃。假使我們能夠將一切的憧憬都抓住，將一切的理想都實現，將一切的計畫都執行，那我們在事業上的成就，真不知要怎樣的宏大，我們的生命，真不知要怎樣的偉大。然而我們往往是有憧憬不能抓住，有理想不能實現，有計畫不去執行，終於坐視種種憧憬、理想、計畫的幻滅和消逝，這一切是因為做事太緩慢，忽略了效率的重要性，以致於許多夢想難以實現。

猶太人有句名言：「做事的效率和金錢一樣寶貴。」因為猶太人明白，只有做事有效率，有足夠的時間加以支配，才能夠思考、工作，才有成功的機會。成功都是大量艱苦的工作換來的，而勞工作的效率決定你做事的多少。

你要等待救世主的到來嗎？那你把每一天都當做最後一天吧。效率就是時間，時間就是金錢，是絕對不可以隨便怠慢的。效率和商品一樣，是賺錢的資本，可以升值，因此沒有了效率，那麼給你再多的時間也是多餘，只能白白讓你揮霍掉。

美國的金融巨頭約翰皮爾龐特摩根（John Pierpont Morgan Sr.）被譽為「華爾街的拿破崙」，他就是惜時如金的猶太人。摩根是金融巨頭，曾經風靡一時。他幾乎控制了美國經濟的半壁江山，並曾經兩度讓美國經濟起死複生。他擁有的金錢之鉅，令人咋舌。但是輝煌財富的背後，有摩根珍惜時間、辛苦工作的影子。

為了能更好工作，提高工作效率，摩根的辦公室和其他人的辦公室是連接著的，這樣一來各部門經理們有什麼需要請示的，可以就近徵詢他的處理意見，無須層層轉達，減省不必要的步驟；二來如果工廠出現了什麼問題，可以直接來找他，他不會讓問題的處理被拖延，哪怕僅僅是一分鐘。

雖然如此，每天仍有很多問題需要他去處理。摩根就採用猶太人獨有的處理方式，在和人會面的時候，直接地問有什麼事情要處理，他通常簡明扼要交代三兩句，就把來人請回了。他的部門經理們都知道他的作風，於是向他彙報工作的時候，都會乾淨俐落說明問題，任何含糊和拖泥帶水的言行工作都會遭到他嚴厲地批評。

摩根很少和人客套寒暄，除非是某個十分重要人物來了，他才會客套幾句，但是他有個原則就是與任何人的聊天時間不超過五分鐘，即使是總統來了，他也一樣對待。這樣做的目的是充分提高時間的使用效率。雖然這種珍惜時間的作風讓他周圍的人感到不愉快，可是對摩根這樣的大忙人來說，有時間賺錢比什麼都重要。

就這樣摩根成為美國歷史上無可複製的傳奇，曾有人把它稱作是「華爾街之子」。至今，摩根財團仍然是華爾街的金融鉅子。

時間遠不止是商品和金錢，時間是生活，是生命。所以，猶太商人很樂意花錢在能提高效率的任何事情上，買到了效率，就等於買到了時間。錢可以再賺，商品可以再造，可是時間是不能倒流的。因此，時間遠比商品和金錢寶貴。

會做事的人往往反應機敏，他們大都能高效把事情辦好，更不可能把時間放在沒用的事情上，從而浪費時間，而是做事雷厲風行，從沒有拖拖拉拉的習慣。他們將「拖延」當作最可怕的敵人；因為它在不知不覺中竊取你的時間、品格、能力、財富，使你成為它的奴隸。做一個反應機敏的闖將吧！在你果敢的決策和當機立斷的執行面前，每一個人都會為你幹練、說做就做的魅力折服。那麼，還有什麼不能做到，還有什麼目標不能達到呢？

【小提示】

今天就是最後一天，永遠不要等待明天，因為沒有人知道明天會是什麼樣子。效率就是金錢，一分鐘都不可以放棄。抓住了時間，就等於找到了商機，就等於成功了一半。

第三部分　情感篇

情感是一把雙刃劍，稍不留神就會使彼此受傷。所以，我們要把握好感情的度，讓彼此都其樂融融。

第五章　別讓細節凋落了愛情的花朵

愛情要新鮮，如果你忽略了那些枝微末節的事情，你們愛情的花朵就不會芬芳，只有枯萎了。

別忘了情人節

每年的二月十四日對大多數人來說，是一個很普通人的日子，但是對廣大女性來說，這絕對是和生日同樣重要的日子。作為男人，千萬不要因為工作忙或者其他原因，忘了這一天，因為那是神聖的節日，也是你向自己心愛的人最能表達愛意的日子，尤其是對於在追求戀愛中的男人們，要想得到心愛女孩的歡心，情人節送禮物這件小事千萬不能忽略。

在戀愛的追逐遊戲中，最辛苦的往往是男人。對於自己一見鍾情的女孩，對方肯定對你了解甚少。你對他的愛慕，往往只是一頭熱，如果你把持不住自己的那份激情，不顧對方的感受去向她表達自己內心的話，這樣常常會嚇壞對方，更糟糕的是對方可能把你當成色狼一個，這樣，在女孩的心裡，就會對你多一些戒備，在心理上會把你推得很遠——你就很難讓對方接納你了。

如果你想成功追求到你的心上人，情人節將是最好的時機。

阿國第一天到公司上班，他坐在公車上，站在他身邊的一個長髮女孩引起了他的注意。女孩長得並不是十分的漂亮，但看著這個女孩，在阿國的心頭湧起曾似相識的感覺，就不免多看了她幾眼。女孩偶然發現阿國在看她，臉一下子也紅到了耳根。

從那以後，這個女孩在阿國的腦海裡總是揮之不去，他總希望能在公車上再次碰見她。

一天，阿國下班坐上公車剛經過一站，他發現那個女孩也上了車。不知為什麼，一看到女孩，讓阿國這個大男孩臉感到熱得發燙，而這個女孩反而沒有注意太多。這時，車上已經沒有空餘的位子了，女孩只有在離阿國不遠的地方站著。

不知為什麼，阿國感到自己一定要認識這個女孩，他站起身來示意女孩說：「妳坐這邊吧。」女孩連一聲「謝謝」也沒說就坐了下來，因為她認為阿國要下車。阿國也沒說什麼，就站在女孩的身邊。女孩中途要下車，阿國又坐到了原來的位子上。在他坐下之際，女孩回頭看了他一眼，臉上露出一絲笑意。

之後，阿國下班以後常常會往前走一站，他要等那個女孩一起搭車。漸漸，阿國成了那個女孩的熟面孔。一次，他們在車上坐得很近，車上人也不多，他們自然攀談起來。原來女孩工作的地點離阿國的公司很近，兩個人只相隔一條街。

阿國與女孩天天相遇，從那次攀談以後，他們見面開始打招呼了，偶爾坐在一起時也聊一些生活和工作上的事，令阿國興奮的是，女孩和自己一樣也還是單身。阿國想跟女孩親近一些。有一次，阿國來到女孩等車的公車站牌，女孩也剛好走過來，這時，天突然下起了雨，阿國馬上攔住一輛計程車，等女孩走過來時，阿國對她說：「要搭便車就上來。」女孩正被突如其來的雨所困，沒有一絲猶豫就上了車。

女孩住在途中一個社區裡，阿國讓計程車一直把女孩送到她家的樓下。從那以後，他們像一對老朋友，在車上一見面就會閒聊開來。這樣，一年過去了，他們對彼此都有了深入的了解。

時間久了，女孩也對阿國有了好感。然而在情人節那天，女孩收到了一束玫瑰花，花裡的留言卡片上寫著：「情人節快樂！阿軍，為了漂亮的女孩不孤獨，我願意陪伴妳一生。」

一段時間後，阿國發現女孩有男朋友了。阿國很失落，終於有一天晚上，阿國約了女孩，問：「妳知道我很喜歡妳，妳一點不喜歡我嗎？」

女孩說道：「有個來的剛好的人，讓我的情人節不孤單。」

阿國頓時啞口無言了，因為情人節那天正好公司事情有點多，一忙之下錯過了這樣的大好機會。

阿國就是因為忽視了情人節，從而失去了心愛的女人，讓別人得到了這個機會。有人說「哪個男子不鍾情，哪個女子不懷春」愛情是男女都追求的東西。看到自己喜歡的人，男人在主動拿出自己的真情向女孩表達的同時，更要牢記兩人戀愛中一些重要的日子。這樣，男人可以追求到真愛，女孩可以選擇到真愛，男女都會得到自己的愛情，然後成就美滿的婚姻。

【小提示】

在情人節之前，早早做好準備，最好能夠準備一份讓心愛之人感到驚喜的禮物，這樣的驚喜會讓她頓時覺得你很愛她，為了她花費了心思，她在你心中的確很重要。

製造點浪漫

婚前的生活，就像蜜蜂在萬花叢中翩翩起舞，甜甜蜜蜜；婚後的生活，就像一根沒有肉的雞肋，食之無味。戀愛時候是喜歡花前月下，在安靜的咖啡廳，溫馨而浪漫。可是，一旦結了婚之後，這種浪漫的情調便蕩然無存，隨著而來的是柴米油鹽，是平淡的日子，於是，婚姻讓最初的美麗光環黯然失色。戀愛時的卿卿我我、浪漫情調，被瑣碎、單調、枯燥乏味的「過日子」所代替。因此，常有人說婚姻是愛情的圍城、婚姻是愛情的墳墓。

對於未來，彼此好像失去了方向，因為你的老公當初的浪漫情懷消失了，他再不會在你生日那天用玫瑰花擺出一個大大的心形，也不會在情人節請你去吃燭光晚餐，更不用說會牽著你的手帶著你走遍世界的每一個角落。

瑪麗亞和克魯斯是透過朋友介紹認識的，可是瑪麗亞永遠也忘不了第一次和克魯斯見面時那個浪漫的夜晚。

時隔多年，當瑪麗亞回想起那個夜晚時，還是那麼讓人怦然心動：「當我從外面回家的時候，我看到一個英俊瀟灑的男士，靜靜站在我家門前的路口。當他看到我的時候，迎了上來，朝我投來一絲微笑，非常有紳士風度詢問：『這位漂亮的小姐，我可以借用一下你的電話嗎？』

『當然可以。』他拿起了我的電話，然後撥通了他朋友的電話，也就是介紹我們認識的那個朋友。他在一旁跟朋友說了一分鐘，然後掛斷了電話，對我說：

『請問您就是瑪麗亞小姐吧。我的朋友剛才告訴我你就是我要找的瑪麗亞小姐，我是克魯斯，你真的是太漂亮了，簡直比我朋友描述得還要漂亮。』說完，他從懷裡掏出了一枝鮮紅的玫瑰，遞到了我的手裡。」

那次見面的夜晚，雙方都有一種相見恨晚，一見如故的感覺。

那年，瑪麗亞剛過三十歲，還在當地的小學當老師，同時她帶了兩個與前夫所生的孩子。不過瑪麗亞活潑可愛，看起來一點也不像有孩子的樣子，同時還在奮發努力，爭取獲得博士學位。而克魯斯那年三十八歲，是一家律師事務所的律師，也經歷了一次失敗的婚姻。

克魯斯是在幫一個朋友打官司的時候，聽說了瑪麗亞。如今看到了瑪麗亞，對瑪麗亞留下了很深的印象，他開始追求瑪麗亞。

兩人很快結了婚。婚禮舉行得很浪漫，在當地的一個大教堂裡，瑪麗亞穿了一身潔白的婚紗，得到了親友們的祝福。

婚後，瑪麗亞一直生活得很幸福，因為她發現克魯斯是一個非常懂得浪漫的人，經常給瑪麗亞帶來驚喜。

有一次，瑪麗亞過生日。克魯斯開著車把她帶到了海邊，在沙灘上點亮了生日蛋糕的蠟燭，並且點燃了焰火。瑪麗亞沉醉了，緊緊依偎在克魯斯的懷裡，克魯斯低著頭，輕輕吻她，瑪麗亞還能感受到海風清涼的氣息。

對於都有一次失敗婚姻經歷的瑪麗亞和克魯斯來說，他們更珍惜這次來之不易的婚姻，他們懂得用經常製造浪漫來保持婚姻的新鮮，不管未來會怎麼樣，他們的愛情始終都像剛認識的時候那樣溫馨，那樣令人心動。

適時製造點浪漫就是其中一種非常有效的方法。婚姻其實也可以是浪漫的，關鍵在於你是否具有浪漫的心境和製造浪漫的智慧。如果做到這一點，婚姻不僅不是愛情的墳墓，反而是更加穩定的愛情港灣，因為，戀愛時的感情還未經過生活的考驗，而婚姻則是更加真實和嚴峻的考驗，如果通過這種考驗，則這種感情才是持久和穩定的，也是最為實際讓人幸福的。

浪漫就像一朵鮮花，可以讓人體會到幸福和快樂。如果另一半不懂得浪漫，那你應該先浪漫起來，把浪漫的氣息傳染給另一半，讓對方也懂得什麼才是你喜歡的浪漫。

【小提示】

浪漫可以在雨中漫步、花前月下。隨時製造一些浪漫的氛圍，做點浪漫的事，哪怕僅僅是一點點的小動作，都可能會讓他怦然心動。比如，一起逛街時，看到年輕的情侶親熱，不妨當眾親吻另一半一下或者擁抱一下；在另一半過生日或者紀念日的時候，和另一半一起回到你們剛相識的地方重溫舊日的時光。

表揚一下另一半

上帝說：魔鬼也需要表揚。情侶之間更需要互相表揚，那是增進兩人情感最簡單的方式。其實，作為凡夫俗子，每個人都渴望得到別人的表揚，無論是真心的還是虛假的，這就是人性的一種弱點。當你的另一半表揚你的時候，這會讓你感覺如沐春風。

人性的一個共同點就是，喜歡得到他人的讚美和肯定，但是許多情侶之間並沒有這種習慣，認為夫妻之間如此親近，根本不需要去稱讚對方，因此時常吝嗇自己的讚美，從而忽略了「讚美」的無窮魅力。讚美你的另一半不但圓融了你和另一半之間的情感，而且還會讓你的另一半自信心增強，做事更加地有動力。

所以，在夫妻之間的生活中，別忽略了稱讚這件小事，哪怕只是一句簡單誇讚的話，也會讓對方感到無比的快樂，而且有助於彼此感情的進一步深入，提高另一半在你心裡的依賴性。

既然如此，何樂而不為呢？

胡斌是一個心思細膩的男人，常稱讚他的老婆很勤勞、賢慧。然而，他的老婆是一個自信心不足的人，常常覺得沒有安全感，做事也缺乏信心。

每次做什麼事情，她總是問胡斌：「你覺得我這次可以？你覺得我這次能夠把它做好嗎？你認為我能夠成功嗎？」問完，她忽然很害怕，她怕胡斌的回答會讓她失望。

「當然行啊，這次妳一定能夠成功！」胡斌看到老婆臉上猶豫不決的樣子，一臉堅定，斬釘截鐵回答，「妳上次的事情比這次難度還高，妳不是輕而易舉做成了嘛。妳完全有這個能力，這對妳來說已經是家常便飯，小菜一碟了。還有上上次，妳那個同事都沒把訂單談成，最後不被妳輕而易舉談成了嘛。我家老婆其實還是蠻有實力的，做事情從來不拖泥帶水，雷厲風行，上次的分紅大會，妳們總裁不是還稱讚妳了嘛……」

聽了胡斌的肯定與讚美，老婆頓時感到信心百倍。

胡斌經常誇讚自己老婆，說她多麼孝敬父母，是一個難得大孝的女兒；說她懂得心疼自己的老公，是一個好老婆；說她對同事熱情，樂於助人，是一個古道熱腸的人；說她喜歡吃虧，從來不和別人計較，是一個很大度的人，以後可以做大事……胡斌充滿創意的稱讚，讓老婆明白了，即使是能力平平的人，也總會有自己的亮點。

另一半的一句話、一個表情、一個動作，有時是一剎那，都能讓胡斌說出幾句表揚的話，看著老婆心花怒放的樣子，胡斌心裡也高興。

俗話說，情人眼裡出西施，既然你選擇了對方為自己的伴侶，必定對方有吸引你的一面，不要吝嗇你的讚美之辭，真心、熱情表揚對方的優點，為對方的每一次舉動、每一個成功盡情抒發你的表揚。

如果你總是忽略了讚美對方這件小事，對另一半的成功視若無睹，從無讚美之辭，久而久之會使另一半感覺自己是無能的，在你面前抬不起頭來，從而逐漸喪失自信，而越來越陷入困頓之中。

【小提示】

戀人之間需要稱讚，讚美就像一罐蜂蜜，可以讓對方感到甜蜜，往往會從嘴裡甜到心裡，從心裡甜到骨子裡。即便遇到一些小挫折、小困難，由於有另一半的讚美，就會輕易地跨過去，勇往直前。

別在情感中迷失

現實生活中，每一個人都渴望一份美好的愛情，可是往往嘗盡愛情的悽苦後，最後徹底迷失了自己。

要知道不是每一份感情都是一帆風順的經歷過一次感情失敗也是很正常的，但是如果你經歷了一次失敗就在情感中迷失了自己，那就很容易發生接二連三的失敗，在你原本還沒有完全癒合的傷口再添加幾道新傷。

錯誤的感情即使得到了也不會幸福，它只會給你帶來沮喪，使你變得焦慮不安，所以，任何人在選擇自己的另一半時都應該仔細想想，不要苛求那份本不該屬於你的感情，千萬別忽略了不要讓自己的感情發生謬誤。

張玲大學畢業後不久就與男朋友李濤同居了，可是令她沒有想到的是，李濤竟背著她跟在法國留學的前任女友藕斷絲連；後來在前女友的幫助下，李濤很快就辦好了去法國留學的簽證，這時一直蒙在鼓裡的張玲才知道事情的真相，就在她還沒來得及悲傷的時候，李濤已經坐上飛機遠走高飛了。沒有了李濤，張玲也就沒有了終成眷屬的期待，她決心化悲痛為力量，將業餘時間都用在讀書上，準備報考研究生，她想充實自己，也想在美麗的校園裡讓自己潔淨身心。

可是就在這時她發現，她懷上了李濤的孩子，唯一的方法是偷偷去做人工流產，而她的家人並不在這裡，她實在找不到可以信賴的醫院或朋友。

她的憂鬱不安被她的上司吳處長發現了，一天，下班後辦公室裡只剩下張玲一個人時，吳處長走了進來，他盯著她看了好半天，突然問起了她的個人生活。這一段時日的憂鬱不安使張玲經不起一句關切的問候，她不由得含著眼淚將自己的故事和盤托出。第二天吳處長便帶她到一家醫院，順利做完了手術，又叫了一輛計程車送她回到宿舍，並為她買了許多營養品。

從那以後，她和吳處長之間彷彿有了一種默契，她不由自主地把他看作她最親密的人了。有一天，她在路上偶然遇到吳處長和他的妻子，當時他的妻子正在大發雷霆，吳處長臉色灰白，一聲不吭，他見到張玲後，滿臉尷尬。

第二天，吳處長與她談到他的妻子，說她是一家合資企業的技術工人，學歷不高收入卻不低，在家中總是頤指氣使，而且在同事和朋友面前也不給他留面子，他做男人的自尊已喪失殆盡。說著說著，他突然握住她的手，狂熱說道：「我真的愛妳。」她了解他的無奈和苦惱，也感激他對她的關心和幫助，雖然明知他是有婦之夫，但還是身不由己地陷了進去。

不知是出於愛的心理還是知恩圖報，反正她從此成了他的情人，他對她說的最多的一句話就是：「我是真的喜歡妳，放心，我很快就會辦離婚。」可是從來不見他開始行動，她心裡明白，他不可能離開老婆孩子，但只要他真心愛她，她可以等待。

他們經常在辦公室裡幽會，時間一過就是兩年，她無怨無悔等了他兩年。一天晚上，當吳處長親吻她時，辦公室的門突然被打開了，公司裡另一個處的李處長一聲不吭地在門口站了一會，一言不發就走開了。吳處長頓時臉色慘白，原來，李處長正在與他爭奪晉升副局長一職，可見他處心積慮窺探他們已有多時。吳處長驚慌失措，倉皇離她而去。她預料到會有事情發生，果然，他捷足先登，到上級那裡交待，他痛心疾首說自己一時糊塗，沒能抵擋住她投懷送抱的誘惑。

她氣憤至極，趕到他家裡要討個說法，她畢竟涉世未深，她還是個女孩子，他妻子不清楚這些事，先把她叫到書房，過沒多久，她看到吳處長扛著一袋白米回來，一進門就肉麻叫著他妻子的小名，分明是一位體貼又忠誠的丈夫。然後直奔廚房，繫起了圍裙，等他妻子好不容易有空告訴他有客人來了時，他甩著兩隻油手，出現在書房門口，一見是她，大張著嘴半天說不出一句話。

剎那間，她的心淚雨滂沱，為自己那份聖潔的感情又遭踐踏，也為自己真心錯愛眼前這個虛偽軟弱的男人，所有的話都沒有必要再說，她昂首走出了房門。

自尊心很強的她帶著一身的創傷，辭職離開了這個給了她太多傷心的城市，從此開始了漂泊的生活。

從古至今，無數的人因為在情感中受傷而度日如年，滿臉憔悴，有的甚至痛苦一生。人有時候很執著，也很感性，當一段感情到來時，往往不知道什麼是對的，什麼是錯的。經歷了一次愛情的失敗，受到一次創傷，心裡極其渴望擁有一份新的感情來慰藉自己受傷的心靈，讓自己找到一個結實的肩膀，來依靠一下。可是，這個時候往往會失去自己的判斷，如果自己投入的新一段感情，不是真正適合自己的，即便暫時會得到一絲甜蜜，時間一長，問題便會暴露出來，那時會受到更大的傷害，比如愛上有夫之婦或者有婦之夫，這樣的感情錯誤，時間越長，傷害就越大。

尤其在婚外情中，並非不知什麼是應該做的，什麼是不應該做的，到最後自己無法自拔，身不由己的時候，想退出也晚了，很多時候會想著孤注一擲，但是錯誤的感情永遠不會帶來美好的結局，在這樣的感情糾葛裡，需要明白的是，到最後受傷的只會是自己。

【小提示】

也許你會因為暫時放不下本不該屬於的感情而感到煩躁不堪，可是如果你想想，與其煩躁一時總比要煩躁一生要好上百倍。當有一天你真正明白過來，自己也會發現當初不值得。因此，一開始就別讓感情錯位，這才是最大的智慧。

孝順也在平時

有的人認為，結了婚後，只要照顧好自己的另一半，照顧好自己的孩子，過好小倆口的日子就可以了。至於雙方的父母，通常只在逢年過節去看望，卻忽略了平時孝順。

由於夫妻雙方各自在自己父母的養育下成長，對父母的養育之恩和報答之情純屬自然流露，那麼結婚後，就會很自然地在孝敬父母的問題上會偏向自己的父母。

正是由於平時忽略了孝順對方的父母，從而引起了夫妻之間的矛盾，如果處理得不好，就會成為家庭矛盾的導火線，稍有不慎，便很容易傷害夫妻之間的情感。

然而，一個聰明的人要想贏得另一半更多的愛，就不要忽略了平時多孝順對方父母這件小事，事事應該首先想到對方的父母，把對方的父母當作自己的親生爸媽一樣看待。雖然對方的父母沒有和你有血緣關係，可是他們是你的另一半的親生父母，他們的一舉一動將時刻牽掛著另一半的心。

張夢雪和老公結婚後，在都市買了新房子，搬進了都會區，而她的公婆習慣了鄉下生活，不願意搬進都市

老人住在鄉下，平時又沒有什麼收入，這讓張夢雪的老公非常放心不下，張夢雪知道老公是一個非常孝順的兒子。

為了兼顧父母，每半個星期，老公都要回一趟老家，去看望自己的父母。由於他們現在住的城市離老家很遠，坐車來回就要一天，好不容易有了一個週末，張夢雪可以好好和老公一起享受一下二人世界，同時一週疲憊的工作，也可以讓老公好好休息一下。可是現在，老公由於掛念住在鄉下的公婆，來回奔波。看著日漸消瘦的丈夫，張夢雪看在眼裡，疼在心裡。

公婆生活沒有什麼開支，再加上老人們節儉慣了，平時月生活費不超過一萬元。張夢雪為了想讓老公少擔一點心，建議老公每月給公婆寄兩萬五千元的生活費。

老公聽了張夢雪的話，有點很不高興，認為給得太少，至少也要五萬元才行。

張夢雪看到老公的臉上露出了不悅之色，靈機一動解釋說：「其實我不是捨不得給他們錢，多給他們錢，他們也捨不得花，不過是存起來，最後還是給了我們。我的意思是說，兩萬五千元是他們的生活費，剩下來的兩萬五千元我們可以買一些吃的、穿的給他們，這樣你看是不是更好呢！」老公聽了張夢雪的話，覺得很有道理，知道自己的父母節省慣了，有錢也捨不得花，不如採取妻子的辦法。想到剛才錯怪了妻子，張夢雪的老公臉上堆起了笑臉，表示贊同。

其實，張夢雪心裡想，如果反過來對自己的父母，老公會不會也這樣做呢，是否也會每月拿出五萬元來孝敬岳父岳母呢？但是，張夢雪不是一個斤斤計較的人，只要雙方的父母都能夠過得好，給誰的父母多一點，張夢雪也不計較。如果自己太計較，就會和老公有矛盾，張夢雪想老公平時工作非常辛苦，休息的時間很少，如果再給老公製造麻煩，那麼原本融洽的家庭就會變得不和睦。

張夢雪是一個通情達理的人，為了自己的老公，她寧願多做出一點犧牲和讓步。有時週末，張夢雪為了讓老公可以休息，就接替老公，親自去看望公公婆婆，噓寒問暖。

每個人都有父母，誰不愛自己的父母？孝敬另一半的父母，讓對方父母高高興興，那麼夫妻關係也會更加融洽。而只有把另一半的親情問題解決了，另一半才有精力和心情去經營自己的愛情。

總而言之，不要忽略了平時孝順父母這點小事，哪怕只是在下班的路上看看他們。

【小提示】

平時多孝順對方的父母，讓另一半感到你不僅愛他，更愛他的家人，要像愛自己的父母一樣愛對方的父母，並且相信對方也一樣會不分彼此地對待你的父母，另一半的父母也是你最親的人。

第六章　小陋習是幸福家庭的那顆雷

別讓那些小事情讓你們的家庭的矛盾放大，你們有必要大事化小、小事化了，這樣，才會「家和萬事興」。

嘮叨，會讓人生厭

如果說話太囉嗦，大事小事總是喜歡嘮叨個不停，往往會讓人接受不了，尤其是脾氣暴躁的人，更不喜歡自己的另一半絮絮叨叨的。

美國的一項婚姻調查顯示：家裡的人如果太嘮叨，離婚率會高出正常家庭的五倍。可見，如果你在家一天到晚對自己另一半嘮叨不停，那將是非常讓人討厭的，很有可能會讓你的家庭早早亮起紅燈。所以，在家庭生活中，應該注意不要過於嘮叨這件小事，也許你的心意的確是好的，但是說多了反而會適得其反。

也許你認為這並沒有太大的關係，你會說你們是那麼相愛，這些都不是問題。可是，在婚姻中，即便是婚前最相愛的兩個人，也會受不了你整天在他耳邊不停地嘮叨，時刻提醒完成必須做的事情：做家事、吃藥、修理這個、收拾那個、這個不應該做、那個不應該拿……

嘮叨很讓人心煩，更多還帶有幾分鄙視和責備。對於一個家庭來說，嘮叨往往是感情破裂的導火線，是出現家庭危機的誘因。很多婚姻的幸福最後都葬送在了自己的嘮叨上。

美國摩根財團的董事會主席摩根．斯洛克，愛上了一個叫蘇菲亞的女人。蘇菲亞不僅長得青春漂亮，而且氣質典雅，一笑一顰中都帶著迷人的氣質，深深地征服了斯洛克。

斯洛克讚嘆她是這個全世界最美的女人，並在一次演講中說：「即便所有的人都反對，我都不會改變，因為我深深愛上了這位優雅的女士。」於是，他不顧家族成員的反對，執意和蘇菲亞結了婚。

按理說，在他們的婚姻中什麼也不缺，自由、權力、財富、聲望、美麗、愛情……全都有，可以說是一個十全十美的愛情結合。但是，這段人人羨慕的婚姻，最終從一個美麗的花朵，很快地枯黃凋謝，最終曇花一現。

蘇菲亞成為斯洛克的妻子以後，斯洛克發現她的個性與婚前大相徑庭，不再是眼裡那個溫柔可人的女人了。

在面對自己時，她總是一天到晚愛嘮叨個不停。婚後的生活，並不像斯洛克想像中的那麼甜蜜，蘇菲亞埋怨自己的丈夫這樣不好，那樣不是。每次她總會嘮嘮叨叨，又哭又鬧，還會說些威脅的話，甚至還衝進斯洛克的書房，大發雷霆，不顧一切數落他。有時，就是斯洛克在忙於處理各種財務的時候，她也會對其喋喋不休。

漸漸，她的嘮叨，讓斯洛克逐漸產生了厭惡，有時甚至厭煩透了這個妻子。

斯洛克抱怨說：「我的女人從一隻『金絲鳥』變成了一隻『嘰喳鳥』，我實在無法忍受她吹毛求疵的抱怨和無休無止的騷擾了。從我早晨睜開眼，一直到晚上睡覺前，她總是在面前，就像一隻趕不走的蒼蠅，不停嘮叨。」

斯洛克有能力讓蘇菲亞成為全世界最富貴的女人，但無法用愛情的力量來改變她嘮叨、挑剔的個性，這讓斯洛克痛苦極了。

最終，斯洛克不得不和蘇菲亞離婚，一段婚姻宣告了失敗，給蘇菲亞帶來了極大的痛苦，可是已經無法挽回了。

蘇菲亞是一個幸運的女人，擁有享不盡的榮華富貴，然而她卻在日常婚姻生活中，忽略了不要嘮叨這件小事。雖然她擁有美麗和氣質，但是在喋喋不休的惡習中顛覆了自己的幸福。

如果你是一個愛嘮叨的人，大多都會有這樣的特徵：

「我說過多少遍了，你又把鞋子弄髒了……」

「我說過無數次了，你又亂放衣服了……」

「我不想再說第二遍了，快點把你的資料收起來……」

「你看你，讓你買的牙刷又沒買……」

嘮叨不僅會使夫妻感情破裂，而且能將愛消耗殆盡，並且逐漸累積憎惡，失去本深愛自己的人，葬送自己的幸福。

【小提示】
在現實中，嘮叨會讓家庭生活不再和睦，所以千萬不要養成愛嘮叨的壞習慣。

酗酒，醉倒的不是身體

在日常生活中，我們經常聽到人們常說：「我們的感情在酒裡。」。喝酒已經成為吃飯應酬不可缺少的飲品，也是每家每戶必備的生活用品。很多人都喜歡喝酒，尤其是好朋友之間相聚，更是每逢知己，一醉方休。

一旦養成了喝酒的毛病，不僅傷害自己的身體，而且還影響夫妻之間的正常交流。你想，誰願意每天和一個滿身酒氣的人生活在一起？可以想像，和一個酒鬼能營造出什麼樣的婚姻浪漫。說不定還會發一點酒瘋，那情況就更糟糕了。

所以，一定不能忽略喝酒這件小事，認為喝點酒沒什麼大不了，如果你長期這樣下去，那麼你將得到的是一個「酒鬼」另一半。

小麗和老公張華戀愛三年了，終於喜結連理。新婚後家庭生活和睦，夫妻感情和諧。不久，小麗便有了身孕，十個月後生了一個可愛的寶寶。小小的家庭因為有了孩子變得更加溫馨。

然而，隨著孩子漸漸長大，婚姻的熱情也漸漸消退了，家庭生活由激情轉為了平淡。這讓一向不安分的張華感到婚姻生活無聊，於是吃飯的時候，平時不太喜歡喝酒的他端起了酒杯，每頓小喝幾杯。小麗覺得丈夫吃飯喝兩杯酒，也不是什麼大事，可能是心情不是很好或者緩解一下自己的工作壓力，於是就沒放在心上。可是一段時間後，小麗發現老公張華每天吃飯都要喝上幾杯，如果不喝就會不自在，彷彿成為了一種習慣。

為此，小麗和張華吵過幾次嘴。有一次，小麗發怒說：「你每天喝酒可以不顧自己的身體，但是你要對自己的孩子想一想，孩子這麼小，不能聞太多酒氣。」

於是，張華好幾天吃飯沒有喝酒。小麗開始以為老公真的在自己的「威嚴」之下把酒給戒了，殊不知老公不在家喝酒，而是在外喝起酒來。

小麗發現老公張華的酒癮越來越大，由剛開始的小酌幾杯到大喝一杯，無論小麗怎麼軟硬兼施，老公還是幾天就大喝一頓，有時回來都東倒西歪。

為了躲避小麗的監視，張華經常藉故說晚上加班或者有客戶，很晚才回來，而每次回來都是酒氣熏天。

有一次，張華又喝得大醉回來。小麗看老公屢教不改，氣哭了說：「我實在很難過，以前我們感情很好，你很少喝酒，對我也是處處關心，沒有矛盾，工作也清閒。現在這樣哪有過日子的樣子啊！我不知道該怎麼辦好，現在的生活太痛苦了，我不知道自己為什麼嫁給了一個酒鬼。」

可是，小麗的哭訴，張華充耳不聞，因為他早已經醉得不省人事，呼呼大睡了。小麗有點後悔，不應該在剛開始時沒有制止，沒有把丈夫喝酒當作一回事，現在想讓丈夫戒酒簡直比登天還難。

喝酒不僅會傷害身體，而且會影響家庭生活，削弱夫妻之間的感情。所以不能忽略喝酒這件小事，一旦養成了愛喝酒的毛病，就很難改掉了。

少喝酒，最好的辦法就是給出一份體檢報告，用身體的病症來告訴對方喝酒的危害，就算丈夫無法自制，妻子阻止時也會有充足的理由。比如，丈夫在喝酒的時候，妻子對他說：「醫生說你的胃不好，你怎麼還喝酒呢？」這樣，不僅有充足的理由，而且言語還透著關心，勸阻會更有效果。有時，就算用最強硬的態度，對方也不會生氣的。

另外，要讓對方的「酒友」知道對方因身體「有病」不能喝太多的酒。可以在另一半朋友面前把他的「病」說得嚴重一些：「在酒桌上我就把他交給你了，喝壞了身體，我要找你們算帳。」朋友們知道他「情況嚴重」，在喝酒的時候，一般都不會再勸他喝了。

總之，愛喝酒肯定是一個陋習，應該像大禹治水一樣，慢慢疏導，這樣就會在「和風細雨中」改掉惡習，要明白欲速不達的道理，切記操之過急。

【小提示】

要「改造」一個酒鬼，首先要考慮到，一個常喝酒的人是有酒癮的；第二，朋友都知道他能喝一些酒，就是他自己不想喝，在宴席上他也會無法推辭。喝酒是一個人的愛好，但喝得大醉，往往是別人勸酒的結果。因此，要改掉酗酒的毛病，重要的是讓人主動少喝酒。

謊言，狼真的會來

信任是婚姻的前提，如果一個人對自己的另一半撒謊，一旦成為一種習慣，對婚姻的傷害是致命的。為愛情是建立在彼此信任的基礎上，婚姻是建立在彼此忠誠的基礎上。

如果一個人總愛對你說假話，讓你整天生活在雲海迷霧之中，完全弄不清哪一句是真話、哪一句是假話。當有一天發現，深深愛著的人，原來是一個滿嘴謊言的大騙子；同床共枕的人，原來是欺騙你最多的人，那麼你會原諒這個「大騙子」嗎？

肯定不會，因為沒有一個人喜歡自己在謊言中度過自己的一生。也許，你會認為在一些小事情撒謊時可以原諒的，但是千萬不要這麼想，當他對你撒謊一次後，可能會對你撒謊第二次、第三次甚至更多，今天在小事情上撒謊，而明天就會在大事情上撒謊。所以，千萬不要養成了撒謊的惡習，一次謊也許是件小事，但是十次謊就會釀成大錯。

黃雅靜結婚已經五年了，在五年的婚姻時間裡，她和老公雖然也有過爭吵，但是她對自己的男人卻從沒懷疑過，可是有一次，老公的一個謊言讓她改變了對老公的看法。

那天老公很晚才回來，老公那天酒喝多了，黃雅靜幫老公脫外套，無意發現在老公的襯衫領口上有一個模糊的口紅印子。

黃雅靜聞了聞，確定是女人留下的，就隨口問一句：「這是哪個女人的啊？」

老公看了黃雅靜一眼，堅定說道：「就和幾個同事在一起喝酒，這個是公司一個男同事惡作劇弄上的。」

老公解釋說：「晚上和公司的幾個同事在外面喝酒，只是後來大家都喝多了，其中一個同事喝得更是已經不省人事，我們只好打電話叫來他的妻子，在我幫同事妻子扶同事出門下階梯的時候，同事妻子不小心跌到我身上，就留下了一處口紅。」

黃雅靜不是一個度量狹小的敏感女人，她也不願意無端懷疑老公，她不敢相信老公在外面有了女人，這種事沒有親眼看到，絕不能捕風捉影亂猜，冷靜的黃雅靜清醒知道這一點。於是，這件事情就這麼過去了。

這天，黃雅靜在老公的公事包裡，發現一個包裝精緻的小禮品，於是就問她老公裡面是什麼，老公解釋說：「公司裡有一個同事要過生日，平時和他關係很好，所以送他一支筆，想表示一下。」

「朋友是男是女，包裝這樣精美？」黃雅靜隨口問了一句。

突然，她看到老公一下子臉紅了，支支吾吾半天，但是她沒深究下去，心想可能真的是送給公司某個同事，老公不好意思明說，也就沒放在心上。

黃雅靜逐漸發現以前老公每天下班回來，總愛搶著看電視，現在發現他總是在電腦前上網聊天，很多次都是聊到很晚才上床休息。一問，老公就說這段時間業務忙，在談工作上的事情。

還有一次，老公正在浴室洗澡，突然外面的手機響了。老公竟然衣服都沒穿，一下子從裡面跑出來，急著接電話。

「誰啊，幹嘛急成這樣，我幫你接不就好了嗎？」黃雅靜說。

「是一位總經理打來的，妳接不太好。」老公說。

黃雅靜後來發現，老公總是喜歡把通話紀錄在打完電話後，馬上清掉。

憑女人的直覺，黃雅靜覺得老公可能在對自己撒謊，自己卻一直相信老公忠誠。

後來有一天，她在路過一家商場門口，突然看到自己的老公正在挽著一個穿著時髦的女人走在一起，兩人在逛街呢。於是，她強忍淚水，撥通老公的電話。老公的回答是：他正在公司開會。

黃雅靜頓時覺得世界都坍塌了。等到老公回家後，在黃雅靜的一再逼問下，老公知道紙最終還是包不住火，坦白了一切，原來那個女人在她還沒和老公結婚時，兩個人就有了一些曖昧的關係。

儘管老公一再表示改邪歸正，斷絕和那個女人的來往，但是黃雅靜還是選擇了離婚。因為她絕望了，不願再和一個欺騙自己五年的男人再繼續生活下去。

所以一個人要想能夠白頭偕老，就不要對自己的另一半撒謊，撒謊這件小事會影響到夫妻之間的信任，動搖夫妻之間原本堅實的感情。

為了幸福，應該實話實說。

【小提示】

面對別人的謊話時，首先要學會冷靜下來分析，究竟是什麼原因他對自己撒了謊。如果他的說謊是為了達到某種不可告人的目的，那麼就要學會保護自己。

攀比，害人又害自己

生活就像一座起伏不斷的山峰，一山總比一山高。在現實生活中，人人多多少少會有一顆攀比的心，活得比別人好，住更好的房子，拿更高的薪資，登上更高的職位。然而，如果攀比成為陋習，就會給我們的幸福生活帶來無盡的折磨和痛苦，這時我們千萬不能忽略了這件小事。如果你在生活中喜歡處處和別人攀比，那麼你永遠會活在痛苦之中。

很多時候，一味攀比就會忘記自己在追求什麼，每天都在不斷地向上攀登中，忘卻了生活的意義，別人在爭奪什麼，我們也去爭奪什麼。

因此，我們感受到了生活的巨大壓力，工作太辛苦，那是因為我們太過爭強好勝，爭奪個你死我活，甚至勾心鬥角，即便你得到了你想要的，同時你也失去了生活的幸福與歡樂。

有一對年輕夫婦雖然才三十出頭，但是看上去兩個人卻像是四十歲的模樣，因為他們的生活壓力太大了，總想過得比別人要好。

夫妻兩人性格都十分好強，他們看著周圍的同事買了大房子，然後小夫妻倆就把這位同事當作自己的奮鬥目標，不停工作，沒日沒夜賺錢，去買同樣一棟大房子；當他們看到自己的朋友換了最新款的轎車，夫妻倆又開始苦惱了，覺得自家的車太落伍了，開出去簡直有點丟人現眼。於是，小夫妻倆又開始奮鬥了，丈夫白天上班，晚上還兼職了另一份開計程車的工作。妻子則開始制定節衣縮食的計畫，並且週末去別人家裡做管家。經過很長的一段時間努力，兩人換上了一輛新車。

然而，生活總是你追我趕，周圍總有人會過得比他們好，每個月賺得錢比他們多，買得衣服比他們的貴。然而，小夫妻兩人總在不停想要追逐別人，因此他們生活得很累，當一件事情超過別人的時候，他們並沒有感到很快樂，而是僅僅鬆了一口氣，因為在他們的眼裡，看到的還有更多的目標沒有超越。

終於有一天，妻子病倒了。去醫院檢查出了妻子患了乳腺癌，而且時日無多。這個打擊對這對年輕人簡直太大了。兩人在病床上抱頭痛哭，開始反思：自從結婚以後，在生活中總是爭強好勝，哪怕是為一件小事都要去跟人家攀比。原來是他們和周圍的人一樣，因為攀比，工作壓力太大，生活太累。

不久後，年輕的妻子去世了。丈夫的性格也變了，不再執著於攀比，而是順從自然。漸漸，丈夫從失去妻子的悲痛中走了出來，發現雖然只剩下他一個人，但卻活得比以前快樂、輕鬆了許多。

活著就是老天最大的恩賜，健康就是財富，你對人生要求越少，你的人生就會越快樂。對於我們這些平凡人來說，要懷一顆平常之心，對生活不挑剔、不苛求、不怨恨。

當我們擁有時，別人也擁有，帶著比較的心態去生活的人，就永遠都沒有滿足的時候，我們必然會被周圍的人所害。你擁有百萬，我得擁有千萬，比你富有；你吃一桌花費一千元，我吃一桌得花五千元，比你豪華；你穿一般的衣服，我得穿時裝，比你時髦。這些攀比、不滿足使我們活得疲憊不堪。

為什麼非要爭強好勝得到一切呢？生活中總會有人過得比我們好，比我們富有。我們不可能去超越每個人，更用不著事事和別人比較。

【小提示】

在人生的旅途上，如果人比人，氣死人。你比過這個人，就一定比不過那個人，人外有人，天外有天。所以應該拿得起，放得下。什麼事情都要去爭奪第一，那麼你必然會失去美麗幸福的人生。

第四部分　人生篇

小事，會毀了你的一生，也會成就你的一生。所以，聰明的你千萬別讓小事害了，要讓小事為你服務。你會在有效的管理下有一個燦爛的人生！

第七章　小策略讓你活得無悔

我們很多時候懊悔不已，是因為沒有策略，結果讓我們的前程黯淡無光。我們有必要用一些小計謀，這會讓我們「柳暗花明又一村」。

突破常規，又見南山

很多時候，我們會在生活中迷失了自己，認為自己無路可走或者走進了一條死巷子，找不到了人生的方向。其實，造成這樣的情形，那是因為我們忽略了一件小事：突破常規。生活中，當你發現無路可走的時候，其實路就在你的腳下。正如魯迅先生說的那樣，「其實地上本沒有路，走的人多了，也便成了路」。當你發現沒有路的時候，不必去尋找路，而是突破常規，自己走出一條路來。如果你只是一個只會墨守成規、循規蹈矩的人，那麼你注定會活得迷茫，活得平庸，甚至是平淡無奇地度過一生，在生活中，少了很多精彩。

突破常規是打開財富和成功的一把鑰匙。成功的人都具備創造力，比如洛克斐勒(John Davison Rockefeller)、比爾蓋茲(William Henry Gates)等等，他們每一個人正是沒有忽視這件小事，並且使用了它們，才給他們帶來了無窮的商機。

如果你生活在一片死氣沉沉的環境中，那麼你就會失去了工作的激情，失去了生活的目標，久而久之，你就變成了一個不思進取的人，這時你應該怎麼辦呢？你應該突破常規，做一些平時不敢做的嘗試，善於發現周圍的新事物，從而有所想法，並把這種想法付諸實際行動。

在巴西玩具市場的早期，卡尼爾和羅琳娜一起創辦了一家玩具公司。創業之初，由於兩個人工作勤奮和堅實的努力，公司的效益一直很好，但是不久後，隨著玩具公司的逐漸增加，市場競爭日益激烈，公司效益一日不如一日，倉庫的存放的玩具堆積如山，賣不出去。

為此，卡尼爾和羅琳娜想盡了許多生產改進的辦法，但是都不見成效。公司的很多員工見公司的狀況一日不如一日，都紛紛辭職，到別的玩具公司去任職了。

面對現實的狀況、倒閉的壓力，卡尼爾簡直有些快要崩潰的感覺，整日茶不思飯不想，夜不能寐。妻子看到他灰心喪氣，便建議他：「與其這樣解決不了問題，不如出去旅行幾天，釋放一下心中的不快，緩解一下壓力，說不定回來就可以想到好辦法了。」

卡尼爾百般無奈下，只好接受了妻子的主意，和妻子一起去了海邊。海邊的風景優美，海上穿梭著來來往往的帆船，還有很多海鳥飛來飛去。看著海浪潮起潮落，卡尼爾卻無心欣賞，因為他還是惦記著工作，他始終在思考著如何處理公司的滯銷玩具的問題。

這天中午，正當卡尼爾準備回去的時候，在路上，他們看到了一群孩子。這時，妻子推了推他說：「親愛的，你看那些孩子玩得多開心啊，你再看看他們手中的海螺殼，一點都沒有你公司設計得玩具好看，真是如此醜！」

卡尼爾順著妻子指的方向望去，看到活潑可愛的小孩子們正在嬉戲一個很醜的海螺殼，但是他們絲毫沒有嫌棄這個「玩具」的醜陋，相反他們奔跑著、打鬧著，臉上充滿了無比快樂的笑容。

此時，卡尼爾頭腦中一個創意一閃而過：原來如此醜陋的海螺殼也能討得孩子們的歡心啊，那麼我們何不改變策略，生產出一些奇醜無比、造型古怪的玩具？

回去以後，卡尼爾立刻找來自己的合夥人羅琳娜。可是沒想到立即遭到羅琳娜的反對，羅琳娜認為還是規規矩矩生產原來的產品，因為這些玩具孩子們也非常喜歡，更何況如果生產那些醜陋無比的「怪物」，公司就要花費一筆費用來改進公司的設備，專門生產那些醜陋的玩具。如果到時候不成功，那公司真的非破產不可。

然而，卡尼爾可不這麼認為，他認為羅琳娜的想法太過保守，之所以現在公司的發展遇到了瓶頸，就是因為玩具沒有什麼創意，沒有很大的市場，再加上同行的競爭。

卡尼爾最後決定還是生產醜玩具，儘管羅琳娜極力反對，但是卡尼爾擁有最終的決定權。結果正如卡尼爾所料，醜玩具非常受到市場的歡迎，極其暢銷，公司也因此度過了這個危機，並且發展壯大了。

如果卡尼爾沒有打破常規，而是和羅琳娜一樣，公司最後必然會倒閉，所以，他不顧羅琳娜的反對，執意生產醜玩具，他的這一創意取得了巨大的成功。

面對問題，許多人往往容易採取慣性思維，也就是總按著常情、常理、常規去想，或是按著事物發生、發展的客觀順序去想，比如從前到後、從上到下、由近及遠的順序去想。

生活需要精彩，那就需要去創新，需要不拘一格。正是因為不斷創新，才會改變我們的世界，改變我們的生活。對於個人而言，也是這樣，如果你堅持一條道走下去，只會一條路走到黑暗裡。所以，要想活出不一樣的自己，要堅持自己的創意，敢想敢做，勇於邁出堅實的一步，不被常規經驗所迷惑，不被權威人士所誤導，不被原來的規則束縛，要勇敢地張開你想像的翅膀，四處翱翔搜尋，總有一個絕佳的創意在某個角落等待你去發現。

【小提示】

只要你不斷創新，打破規則，這樣想問題，便容易找准切入點，思考問題和解決問題時的效率也會比較高，從而打破生活中的瓶頸，柳暗花明又一村，重見泰山。

必要的時候學會說「不」

在日常生活中，有時候我們活在了痛苦中，是太注重了臉面，而忽略了人要學會拒絕這件小事。

「臉」和「面子」，是華人長期形成的社會文化。所謂「臉」，是一個人為了自我完善而透過形象整飾和角色扮演在他人心目中形成的特定形象；所謂「面子」，則是一個人在社會人際關係中依據對「臉」的自我評價，在別人心目中所應有或占有的地位。所以，在某種程度上，「臉」和「面子」代表著人的榮譽和尊嚴。

沒有人不愛護自己的臉面，但是有些人，也就是那些虛榮心較強的人，會比普通人更加看重自己的面子。他們不忍心拒絕任何人，對別人的要求只會說「行」，而從不懂得說「不」，他們甚至會為了維護自己的面子而硬著頭皮去做力所不能及的事。

瑪麗亞在上大學一年級的時候，每月只有五鎊錢做生活費，這本該夠用了，可是她卻時常感到拮据。因為她不懂得拒絕，比如有同學邀她參加聚會，即使當時她的口袋裡已經不沒有餘裕了，可是她還是硬著頭皮說：「走！」儘管這意味著第二天她的午飯將沒有著落，但她沒有辦法，總不能拒絕吧，那會讓別的同學看不起自己的。

為了應付這些聚會，瑪麗亞只得節衣縮食，可即便是這樣，她的錢仍然常常青黃不接。她現在只有二十先令了，還得維持到月底。就在這時候，她收到姨媽的信，姨媽說下週四要到市區，要她陪自己吃午飯。

姨媽是瑪麗亞母親的姐姐，把自己視如己出，疼愛有加。自己總不好拒絕，但是吃飯也是不能讓姨媽掏錢的。可是，自己就剩這二十先令了怎麼辦呢？

週四很快就到了，瑪麗亞的姨媽找到了她，並要與她去吃午飯。瑪麗亞囊中羞澀，心想：我知道一家合適的小飯店，在那可以一人花三先令吃頓午飯。那樣的話，我就可以剩下十四先令用到月底了。

可是，她不敢這樣建議，姨媽好不容易到市區一次，自己要讓她做決定。正在這時，姨媽說：「瑪麗亞，我們去哪裡吃飯呢？」瑪麗亞雖然嘴上說：「姨媽您決定吧。」但是她心裡在祈禱，姨媽千萬不要去太貴的地方。

但是，她卻聽到姨媽說，「午飯我從不吃太多，一份就夠了。我們去好一點的地方吧！」

瑪麗亞答應著，心裡暗暗叫苦，不過好在姨媽對這裡並不熟悉，自然要由瑪麗亞帶路。瑪麗亞就領著姨媽朝她早已選好的那家小飯店的方向走去，沒想到姨媽突然指著街對面的那家「大皇宮」說：「那間不是很好嗎？那家餐廳看上去不錯。」

瑪麗亞說：「嗯，好吧，如果比起我們要去的地方您更喜歡的話。」她想自己可不能說：「親愛的姨媽，我的錢不夠，不能帶您去那豪華的地方，那邊太貴了，花錢很多的。」

走進那家裝潢豪華的飯店，瑪麗亞想：「或許買一份菜的錢還是夠的。」

侍者拿來了菜單，姨媽看了一遍後說：「吃這份好嗎？」

那是一道法式烹飪的雞肉，是菜單上最貴的：七先令。瑪麗亞為自己點了最便宜的菜，花費三先令。這樣，她用到月底的錢就還剩下十先令，不，九先令，因為還得給侍者一先令呢。

「這位女士，您還要什麼嗎？」侍者說，「我們有俄式魚子醬。」

「魚子醬！」姨媽叫道，「啊！對──那種俄國進口的魚子，棒極了！我可以要一些嗎？」

瑪麗亞心想這該死的侍者趕快走開吧，但她不好意思說：「哦，您不能，那樣我用到月底的錢就只有五先令了。」於是，姨媽又要了一大份魚子醬，還有一杯酒。

瑪麗亞算了算，只剩下四先令了，好在四先令還夠買一週的乳酪麵包，她就松了口氣。

可是，姨媽剛吃完雞肉，又看見一個侍者端著奶油蛋糕走過。「嘿！」她說，「那些蛋糕看上去非常好吃，我不能不吃，就吃一個小的。」

現在只剩三先令，瑪麗亞有點垂頭喪氣，可是她不能表現出來，那會讓姨媽傷心的。

這時侍者又端來一些水果，姨媽肯定還會吃一些。當然，還得喝些咖啡，尤其是她們在吃了這麼好的午飯之後。

「沒有啦！甚至準備給侍者的一先令也沒有了。」瑪麗亞在心裡叫道，可是沒有人能聽到。

帳單拿來了：二十先令。瑪麗亞在盤裡放了二十先令。沒有侍者的小費，姨媽看了看錢，又看了看瑪麗亞。

「那是妳全部的錢？」她問。「是的，姨媽。」

「妳全用來招待我吃一頓美味的午飯，真是太好了——可是太傻了！」

「你在大學學語言嗎？」

「對。」

「在所有的語言當中，哪個字最難念？」

「我不知道。」

「就是『不』這個字。隨著妳長大成人，妳得學會說『不』，無論是對任何人。我早就知道妳沒有足夠的錢吃這間餐廳，可是我想讓妳學到教訓，所以我不停點最貴的東西，看妳是不是懂得拒絕，可是妳沒有。哦，可憐的孩子！」

最後姨媽付了帳，並給了瑪麗亞五鎊錢作禮物。而她給瑪麗亞的最有價值的禮物卻是那番話：學會拒絕。

的確，拒絕別人的要求確實是件不容易的事，大家都有體會。因為每個人都有自尊心，希望得到別人的重視，同時也不希望別人不愉快，因而，也就難以說出拒絕的話了。但是，你應該想一想，倘若答應對方的要求，將會給自己帶來很多不必要的麻煩，那麼，你就應該拒絕，而不要為了面子的問題，做出違心的事來。

【小提示】

面對別人的請求，當你有能力做到的時候，不要輕易拒絕。但是沒有人是萬能的，當你真的力所不能及的時候，就不要礙於面子，不好意思說「不」了。

拒絕是一門藝術，更是一種智慧，懂得適時地拒絕別人，才是成熟的開始！

立即行動，別幫別人找機會

人們常說：「時不我待。」這句話充分說明良好的機遇往往稍縱即逝，當機會降臨時，你沒有抓住它，就不會再有第二次這樣的機會了，所以我們不能忽略立即行動這件小事，認為可以再等等沒事，可是有時候天上只會掉一次餡餅，機會只出現一次。

因此，要讓我們生活得更精彩，就必須重視立即行動這件小事，做什麼事情雷厲風行，不拖拖拉拉，做事果斷、幹練、快速。無論你做什麼事情，從事什麼職業，是經營事業、推銷工作或科學、軍事、政府機關工作，今天的事情不可以拖到明天執行，上午的事情不可以拖到下午去完成，你必須擁有這種做事的能力，這種生活的態度。

麥琪蛋糕創始人邁克爾．斯諾德是一個做事雷厲風行的人，他在年輕時，並沒有一技之長，不過他總是想到什麼立即去執行，他推銷裝刨冰賣的紙杯，後來他又生產乳製品的機器。

一次，斯諾德收到了一份訂購二十臺乳製品機器的訂單。這對他來說，是一張大訂單，而面對的客戶正是當時經營蛋糕店的麥琪兄弟。

當時麥琪兄弟開的這家蛋糕店，與英國的無數的蛋糕店一樣，沒有什麼特別之處，都是賣蛋糕和炸薯條這類方便快捷的食品。不過不同的是，麥琪兄弟經營的蛋糕店採取了獨特的經營管理方式，採用了流水線生產蛋糕，套餐式標準，搭配炸薯條、牛肉小餡餅，並且用紅外線照射，保持薯條的溫度和口感。他們推出的套餐不僅分量足，而且味道好，攜帶方便，受到了消費者們的喜愛，尤其是青少年。由於採用流水式作業，在一次午餐時間內，麥琪的服務員可以在一分鐘內滿足一百多位客人的需求。斯諾德從中看到了巨大的商機。

然而，麥琪兄弟雖然在銷售管道上有獨到之處，但在經營理念上卻存在巨大不足，因為他們思想較保守，過於滿足於現狀，不願意去進一步開拓業務，發展分店，讓事業壯大。這就是斯諾德看到的商機。其實，與其同時，斯諾德的上司，乳製品的機器公司的經理佛瑞科，敏銳地嗅到斯諾德的這一商機。

斯諾德知道時不我待，機會稍縱即逝，如果經理和麥琪兄弟達成開連鎖店的協議，那麼自己將會毫無競爭之力。於是，斯諾德決定先下手為強，連續一個星期加班，製作做了一份聯營協議，並且火速地與麥琪兄弟談判，最終順利簽下了這份聯營協議。

協議規定：麥琪兄弟答應轉讓給斯諾德在全國各地開連鎖分店的經銷權，為他提供原料供應，給予技術指導，但是斯諾德要事前支付一筆數目不小的轉讓費，並且以後還要分百分之三十的利潤作為技術專利費用。

在稍縱即逝的機會面前，斯諾德毫不猶豫接受了這個條件，儘管這項協議冒了非常大的風險，這是一個嚴峻的考驗。

當乳製品的機器公司的經理佛瑞科聽到這個消息後，斯諾德已經創辦了麥琪連鎖公司，第一家分店已經開始營業了；三個月後，斯諾德的第二家餐館也開業了；兩個月之後，第三家餐館建立起來。斯諾德開設分店的速度越來越快，即使佛瑞科再想什麼辦法、給出再優惠的條件，已經不可能從斯諾德手裡搶奪去麥琪的分店經營權了。

斯諾德並沒有因為麥琪兄弟的協議相當苛刻而退縮，而是不停蹄地採取行動，一舉拿下了麥琪的連鎖經營權，只留給想從他手裡竊取商機的經理目瞪口呆的份了。

古人說，兵貴神速，速度是打敗一切競爭對手最好的利器，以迅雷不及掩耳之勢，讓別人在還沒來得及反應的時間裡，沒有絲毫的可乘之機。因此，不要去等待一件事情達到絕對完美或是接近完美，如果你要等到所有條件都具備以後才去做，那麼你就永遠只能等下去。

立即行動起來吧，現在就應該去執行，只有行動才能使人變得更成熟！抓住稍縱即逝的寶貴時機，才能實現偉大的夢想。這樣你就能把握住機會，才能在別人還沒行動時，你就已經走在前面。

【小提示】

立即去做永遠是成功的法則。最聰明的人，就是去實現自己所嚮往的目標，想做什麼就去做，然後再考慮不斷完善目標。做一個反應機敏的「獵豹人」，以「立即行動」來搶盡一切先機，沒有得過且過、懈怠懶惰的思想，也沒有猶豫不絕、優柔寡斷的意念，只有「一旦看准，就大膽行動」的作風。

走好一小步，邁出一大步

相信每個人都玩過堆積木的遊戲，只有把每一小塊的積木搭好，才能完成最後的大房子，如果一塊沒有搭好，堆到一半的時候就可能倒塌，這時你便要從頭再來了。其實，生活中，我們往往會做一些事倍功半的事情，原因就是我們忽略了先走好腳下的一小步的這件小事，其實走好腳下的一小步，等於是邁出了一大步。

「沒有一口吃成的胖子，也沒有一天修練成的仙。」做任何一件事情，都要先做好每一步，不可能一步登天，需要循序漸進的過程。

然而，隨著生活節奏的日益加快，我們往往需要更快速實現我們的夢想，更快做成我們想做的事情。在我們周圍，也存在著很多急於求成的人，他們往往不會按照常規辦事，走一些邪門歪道，劍走偏鋒。這時的你如果把持不住自己，就很容易被這些帶壞，誤入歧途。

一個人的成功是需要過程的，是需要每一步都走得非常出色的，然而這個過程並不是任何文憑、學位可以縮短或替代的，它需要你從第一步就開始做好，然後步步為營，從而經歷一段時間的累積，最後達到水到渠成，達到成功。

黃俊畢業於一所頂尖大學，畢業後換了好幾個工作，一直都沒有找到理想的工作，不是工作的薪水低得可憐，就是工作強度太大，無法讓人承受。因此，在工作的三年裡，他不停跳槽。而和他一起畢業的同學有的可能運氣好，都找到了份不錯的工作。對於心高氣傲的黃俊來說，簡直是讓人鬱悶不已。

這一次，黃俊應聘到了一家IT公司，可是剛進公司，卻被安排做公司電腦房的庫房管理員，每天還要負責維持庫房的整潔，清潔庫房裡的辦公電腦，簡直就是清潔工的工作。很快，黃俊就堅持不下去了。

就在這時，同在公司的一個小王平時和黃俊經常打交道，聽說黃俊訴說自己的鬱悶遭遇，準備要辭職，於是自告奮勇出主意，說：「公司最近在處理一個專案，你看大家每天忙得焦頭爛額，都是在做這份計畫書。如果這份計畫書成功了，憑藉這個專案，公司就能一下賺好幾百萬。我還聽說公司有一個競爭對手，也在競爭這個專案。你是名牌大學畢業的IT高材生，現在又是庫房的管理員，你何不等他們把計畫書做好的時候，把它們拷貝出來，然後去投另一家公司。我想他們一定會因為你送上的這份大禮，而給你一份不錯的工作，你又何必在這屈才呢？」

等下班回家後，黃俊躺在床上，想著小王對他說的話，然後他又想到這幾年的遭遇，於是決定鋌而走險，憑藉自己的電腦專業能力，盜取公司的商業計畫書。

果然，當黃俊拿著自家的公司的計畫書，來投奔競爭的對手公司時，競爭的對手公司給了黃俊部門企劃主管的職務，而且薪水豐厚。而這家競爭對手公司憑藉黃俊送的計畫書，製作了一套專門針對這套計畫書的方案，結果在競標過程中，輕而易舉地擊敗了黃俊原來的那家公司，將那份垂涎已久的專案收入了囊中。

在這場鬥爭中，黃俊可謂是一等功臣，受到了公司的重用。黃俊也覺得幸福的春天一下來得這麼快，終於可以揚眉吐氣一回了。就當公司為黃俊要舉辦一場慶功宴的時候，兩個穿著制服的員警帶走了黃俊，原因是黃俊涉及了一場盜取商業機密的犯罪。

原來黃俊工作的那家公司落敗後，在尋找落敗原因的時候，公司的專業技術人員發現公司的電腦資料被人竊取了。經過調查發現，最有可能竊取公司商業機密就是剛剛離職不久的黃俊，因為他是庫房的管理員，又是電腦專業的高材生，只有他具有這個能力，進入公司裡的每一臺電腦，然而竊取資料。

東窗事發後，黃俊主動坦白了一切，承認是自己盜取了計畫書。最後法院判了黃俊因故意盜取他人公司商業機密，導致該公司蒙受了巨大損失。

在監獄裡，黃俊追悔莫及，後悔當初不該一時頭腦發熱，採納了小王的建議，想一步登天，從而釀成了大錯。

在獄中，他痛定思痛，如果當初自己能夠耐心，踏實做事，從最底層做起，賣力工作，熟悉掌握能應付突發的事件，憑藉自己的能力在工作中就會提出創造性的方案，最後一定能夠受到上司的賞識。可惜，現在說什麼都晚了。

黃俊的故事與其說是一時的鬼迷心竅，不如說是他忽略了走好每一小步的道理，想一步登天，平步青雲，最後卻落得鋃鐺入獄的下場。

有人形容，做人就像走在一根跨在懸崖之間的鋼絲繩，你必須踏實走好每一步，要是隨意邁步子，你可能會掉下去萬劫不復。這句話揭示了做人做事的道理。

一個人即使自身具備再優越的條件，一次也只能邁一步。這是十分淺顯的道理，就像一個剛會走路的嬰兒，如果步子跨得太大、太多，必然會跌倒。

因此，任何一個人的成功都不是在短時間內完成的，只有放下自大的心態，先把第一步走好，走得穩當，才可以邁出第二步，才能把每一步都走好。

【小提示】

萬丈高樓平地起，一個人要想做好自己，首先需要做的就是扎扎實實把基本功練好，每一步走好。不僅要放下自己的自尊，耐得住寂寞，而且還要培養起務實的精神，只有先具備了這種精神，才可以扎扎實實走好第一步，步步為營，打好你的基礎，這樣你的人生才可以一天天地增高。

巧妙包裝，露一下金裝

俗話說「佛要金裝，人要衣裝」，在現實交往中，如果你只是一個很普通而平凡的人，沒有非常出色的能力，也沒有聲名顯赫的家庭背景，只是一個喧鬧的大街上擁擠的人群中的一員，沒有人知道和注意你。那麼你的生活會比那些有能力有地位的人還要艱難很多。

那麼，你該怎麼辦呢？難道就這樣認命嗎？其實不然，這時的你不要忽略了巧妙包裝這件小事。如果你沒有足夠的資本，適當打腫臉充胖子，來顯示出一定的實力，來迷惑別人，未免不是一件好事。比如你是一個快要破產的商人，需要和一個大客戶談一筆很重要的生意，如果這時你穿得衣衫襤褸，裝得可憐兮兮，肯定不會成功，因為客戶也是為了利益，不會因為你要破產而幫助，反而會遠離你；相反你如果懂得包裝一下自己，西裝革履，表現得氣宇軒昂，說不定會得到一線生機，峰迴路轉。

在二十世紀初，有一家煤炭家族企業——福同煤業。公司的第一把手年紀不超過五十歲，名叫薄一軍；在附近還有一家小型的煤炭經銷商，名叫張義華，他的煤炭商店和其他小經銷店一樣，業績非常不景氣，因為他們被一些大型煤炭企業所壟斷，嚴重缺乏優質煤炭來源，店內經常斷貨。

這時，張義華想如果能夠得到家門口的福同煤業的支持，那麼以後再不擔心沒有貨源了，生意一定會興盛起來，於是他想和福同煤業建立合作關係，讓福同煤業成為他的供貨商。

當他把這一想法告訴商店的合夥人，他的合夥人睜大了眼睛，驚訝說道：「義華，你是不是發燒了？你認為像我們這樣毫不起眼的煤球製造商，福同煤業這樣的著名企業會看得起我們嗎？你認為他們會送貨給我們嗎？你別癡人說夢了，盡想些不著邊際的想法，還是去想一想實際可行的辦法吧。」

張義華聽了合夥人的一番話，想了想，自己的想法的確不切實際，可是商店已經快到關門大吉的地步了。就在這時，他忽然想到了一個好辦法。

這天，福同煤業的總經理薄一軍收到了一封邀請函，而送出邀請的人是當時希爾頓國際酒店的服務生，信中說：「鄙人是一名煤炭商，承蒙朋友福遠壽（薄一軍父親的合夥人，原福同煤業的最大客戶）介紹，欣聞您正經營煤炭，請多關照。為表敬意，今晚在希爾頓酒店內西餐廳準備了一場晚宴，恭候大駕，不勝榮幸。」

當晚，薄一軍赴約去了希爾頓酒店，並受到了熱情款待。在酒宴進行中，張義華提出了自己的懇求：「有一家煤炭零售店，信譽很好。老闆是我的老顧客。如果承蒙薄先生信任我，願意讓我為您效勞，透過我將煤炭賣給該間商店，貴公司不僅多了一條銷路，而且還可以得到豐厚的利潤，不知先生意下如何？」

薄一軍聽完之後，心裡有些猶豫不決，就在這時，張義華叫來了飯店的一個服務生，請他幫忙買些瓦片煎餅，並且從懷裡掏出一大疊大鈔票，交給服務生，算是小費。

薄一軍看到對方出手如此大方，又是老客戶介紹，一定是一個大的合作夥伴，心想要是合作成了，以後煤炭又多了一條大銷路，於是說：「我可以考慮接受你的請求。」當晚，薄一軍便與張義華簽下了合約。

豐盛的晚宴後，薄一軍一離開，張義華就馬上回去，要知道希爾頓國際飯店這樣高的消費，哪是張義華這個小小的經銷商所能承受的。他是背著合夥人偷偷地把煤炭店作抵押，才向別人借了一筆錢。從那以後，張義華一文不花，從福同煤業得到煤炭，再轉賣其他經銷店，從中抽取大筆利潤，很快成為了富翁。

張義華利用希爾頓國際飯店作舞臺，成功地上演了一出財大氣粗的「胖子戲」，巧妙地對自己進行了一番包裝，讓薄一軍認為自己是一個大客戶，從而與福同煤業建立了合作關係。

美國成功學大師卡內基 (Dale Carnegie) 說：「生活就是一連串的推銷，我們包裝商品，推銷一項計畫，我們也應該具備推銷包裝自己的能力，包裝自己是一種才華，也是一種生活藝術。當你學會包裝自己，別人就看不清你的真相，你會很容易做成你的事情。」

【小提示】
生活中，只要不違反社會道德，使用一些「煙幕彈」或者「障眼法」的小技倆，巧妙地包裝一下自己，能夠做成意想不到的事情，從而讓自己活得更好。

丟下芝麻，去撿西瓜

人們常說，事情有大小、輕重、緩急之分。生活中，我們往往做事做得一塌糊塗，甚至是吃力不討好，忙了半天卻沒有把事情做好，原因就是因為我們忽略了一個做事的原則：主次分明，沒有先揀重要的事情、大事去做，而是把大量的工夫浪費在了小事情上，結果導致了混亂的局面。

事情有大有小，有輕有重，因此需要我們懂得丟掉手中的芝麻，才能撿起地上的西瓜。所以在這樣的取捨兩難的選擇之間，應該斟酌一下事情的分量，盡量採用捨小取大、棄輕取重的處理原則。人們在成事過程中，往往要不拘小節，放棄一些小便宜。只要學會不被小便宜所迷惑，你就會感到煩惱從不上身，遇事會遊刃有餘，心底也坦坦蕩蕩，吃飯會有滋有味，睡覺也踏踏實實，這樣你會把所有的精力都放在事業上。

俗話說，捨得捨得，有捨才有得，丟下小的，才能騰出手撿到大的。雖然每個人都明白其中的道理，然而在現實生活中，當某一個人要丟棄手中的東西時，卻會徬徨和猶豫，況且能否撿到大的，還是個未知數，於是有人些選擇了緊緊地抓住手中的小芝麻，那麼就很難有手撿到西瓜了。

凡事須從大局著想，為整體利益暫時放棄一些局部利益。兵家，商家，職場人士無不知曉其中的道理。在事業上、人生的困難時期，若只知進、不知退，只知得、不知捨，試圖處處得利，必會處處被動，整體失利，最終受其大害。

捨棄小而得到大，今天已經成為生活中的一種必備技巧。

一九八〇年代，香港巨賈李嘉誠就有吞併香港碼頭九龍倉的意圖，雖然那時李嘉誠就已經當上了香港首席富豪的寶座。可當時他的實力和聲響，還都比不上船王包玉剛。所以李嘉誠心裡一直沒有底。

因為在他有意吞併九龍倉的同時，船王包玉剛也想第一個吞併九龍倉，好為自己減船登陸的計畫打好基礎，做好準備。

事實對李嘉誠非常明顯，如果他收購九龍倉，就會遭到九龍倉故主怡和集團的強力抵抗，收購將會給李嘉誠帶來沉重的損失。以後，還有可能和包玉剛有不可預測的激烈競爭，這樣，自己說什麼也不可能得到勝出的機會。

當時在華人商界，論實力，論與銀行業的關係，能與怡和抗衡的，非包氏莫屬，況且，現在包玉剛又有意於九龍倉。

李嘉誠經過再三思索，權衡利弊得失，胸有成竹，毅然決定把球踢給包玉剛，猜測包玉剛得球後還會奮力射門——直搗九龍倉，並且他還會還一個人情。

事情的發展和李嘉誠想的一樣，當他把九龍倉的八百萬股股票轉給包玉剛後，他得到了豐厚的利潤。

他把自己原來以十到三十元價買的九龍倉股票以四十多元的價格轉手給包玉剛後，僅此一項就獲利數千萬元。更重要的是，他可以透過包玉剛的關係，從匯豐銀行那裡承接和記黃埔的股票八千八百萬股，並成為和記黃埔的董事會主席。

本例中的「芝麻」是：李嘉誠原來以十到三十元價格買的九龍倉的股票；「西瓜」是：以四十多元的價格轉手給包玉剛九龍倉股票，獲利數千萬元，還有從匯豐銀行那裡承接和記黃埔的股票八千八百萬股，並成為和記黃埔的董事會主席。

李嘉誠在這次對九龍倉的戰役中得到了鉅額的滾滾財源，他果斷地放棄了直接收購九龍倉的計畫，為他帶來了好的成果。李嘉誠的成功正是因為他做事沒有忽略輕重之分，捨棄小利益，得到大利益。

【小提示】

在日常的工作做事中，對於「丟下」的理解，有時是隨著環境、性格、思想而各有不同。有的人認為這是一種軟弱，也有的人認為「丟下」是一種保全，還有的人認為「丟下」是一種美麗。但不丟下，很多時候，我們便難以獲得。獲得在我們放棄之後！

退一步，讓世界變得更寬

在日常生活中，我們總會遇到不順心的事情，遇到不和氣的人，自己也在得得失失、對對錯錯中走過著每一天。因此，在我們心難平、氣難和的時候，怎麼辦呢？我們不要忽略了讓自己往後退一步，給身邊的朋友以大度的寬容與理解，適當的鼓勵和支持，一切就會有更好的結果。即便我們每一個都會有自己的性格和脾氣，誰都有自己的想法與做法。但是有時候，即使你不贊同，你也應該試著懷著一顆寬容的心，去適當接受。

當你對別人抱有一顆寬容的心，自己先退一步，就可以在許多時候互相通融，使彼此更加和諧，別人也會對你做出一些讓步，這樣彼此各自退讓一步，寬以待人，世界就會變得更寬廣，那麼你想做得事情也就容易多了。

主動退一步，在與別人的交往中持以包容、寬厚的態度，會容易被別人接受，即便對方是一個難纏的傢伙，也會因為你的寬容而有所收斂，甚至被你的人格魅力所感化，願意和你進行合作或者交談。

美國著名的成人教育家戴爾卡內基在紐約舉辦訓練班時，需要租一個大禮堂，來作為訓練課程的場地。

可是就當訓練課程快開始的時候，租賃方突然打電話給卡內基說禮堂不租了，因為有人願意付出比他多三倍的價錢，要求卡內基增加租賃費。原來租賃方也是為了賺更多的錢，打算把場地出租給另外的人舉辦舞會或晚會。

卡內基接到消息後，非常生氣，想直接去找租賃方理論。可是仔細一想，如果這樣，肯定會陷入彼此僵持的局面，說不定到頭來還是得到不租的結果，而且傷了和氣。

卡內基退一步想：假如自己是租賃方，有人願意出高價，當然會把禮堂租給給錢多的人，誰不想多賺一點錢呢？

於是，卡內基找到了租賃方，說：「你的大禮堂不出租給我辦訓練課程，而出租給舉辦舞會的、晚會的，你的確可以得到比我高三倍的價錢。租給我，但顯然你吃虧了。這樣吧，我在原先的基礎上增加一倍的錢，你也讓出一倍的錢，我們各自退讓一步，你把禮堂租給我，怎麼樣？」

租賃方聽說卡內基作出了讓步，但是只增加了一倍的價錢，還是不太願意。卡內基見自己的讓步，讓對方有了鬆動的跡象，覺得這件事情肯定機會，繼續說：「你雖然只得到了兩倍價錢，租給了別人，但是你實際上等於把我趕跑了，等於沒有賺到了我的錢。由於我付不起你所要的租金，我勢必再找別的地方舉辦訓練課程。要知道，這個訓練課程吸引了成千受過教育的中上層管理人員，這些人到你的禮堂來聽課，實際上發揮了免費為禮堂做活廣告的效果。可以這麼說，你即便花出三倍的價錢，也不能邀請這麼多人親自到你的禮堂來參觀，可是我的訓練課程都邀請來了，這難道不划算嗎？」

租賃方看在卡內基說的有道理，況且卡內基作出了讓步，同意增加一倍的租金，於是不好意思再拒絕卡內基，最終把禮堂租給了他，拒絕了給錢更高的租戶。

正所謂「寬則友眾」，人總是喜歡和寬容厚道的人，如果你凡是寸步不讓，寸土必爭，一定不會做成事情。因為人與人之間的相處，在一起共事，都需要一定的通融的縫隙，一定讓步的空間。即使對方做法不對或者有點欠妥，也不要嫌棄，應給人提供改過的寬鬆條件，不能得理不饒人，把別人處處緊逼，讓別人無路可走，而是應該退一步，與人方便，自己方便。

正所謂「宰相肚裡能撐船」就是一種能退步的境界。胸襟開闊者能成大事，大度者自然精神舒暢，生活也會輕鬆愉快，多一份寬容的胸襟就會使雙方的友誼向好的方向發展，擁有了一顆寬容的心，就擁有了一個無法比擬的人格魅力。

【小提示】

今日的一份寬容在日後就有可能成為決定自己命運的轉機。因此，與人交往中，千萬不要忽略了退一步這個小策略，要抱有一顆寬容的心，多給對方一些關懷、尊重和理解，以豁達寬宏的胸懷對待別人，那麼你也會因為自己的一點退讓得到更大的收益。

看高一點，會看到更美的風景

生活中，有時候我們碌碌無為，是因為把自己看得太低，總是認為自己這也不行，那也不行，不知不覺中越來越自卑，做什麼事情都沒有勇氣，以至於自己到頭來一事無成，只能蹉跎光陰。

當你走到人前時，昂首挺胸總是要比低眉順眼好。你若是自己都看不起自己，別人又怎麼會看得起你呢？我們不要自己為難自己，所以，與其把自己看低，不如把自己看高。

在這個世界上，沒有什麼事情是不能做到的，沒有什麼結果是不能改變的，只要你對自己有信心，事情往往就成功了一半。在前進的道路上，有時差的就是那自信的一步，邁出這一步便造就了不一樣的人生。

有一位學識淵博的教授晚年時，知道自己時日不多了，就想考驗並點化一下他那位平時看起來很不錯的助手。

他把助手叫到床前，說：「我的蠟所剩不多了，得找另一根蠟接著點下去，你明白我的意思嗎？」

「明白，」那位助手趕忙說：「您的思想是得有人繼續傳承下去。」

「可是……」教授慢悠悠說道：「我需要一位最優秀的傳承者，他不但要有相當的智慧，還必須有充分的信心和非凡的勇氣，你幫我尋找一位好嗎？」

「我一定竭盡全力。」

教授笑了笑。

那位忠誠而勤奮的助手，不辭辛勞透過各種管道四處尋找傳承者。可他領來一位又一位「傳承者」，都被教授婉言拒絕了。一次，當那位助手再次無功而返時，病入膏肓的教授硬撐著坐起來，說：「真是辛苦你了，不過，你找來的那些人，其實都不如……」

「我一定加倍努力，」助手連忙懇切說道，「即使找遍五湖四海，也要把最優秀的人選挖掘出來。」

教授笑了笑，不再說話。

半年之後，教授眼看就要告別人世了，最優秀的人選還是沒有眉目。助手非常慚愧說道：「我真對不起您，令您失望了！」

「失望的是我，對不起的卻是你自己，」教授失意閉上眼睛，良久，才不無哀怨說道：「本來，最優秀的就是你自己，只是你不敢相信自己，才把自己給忽略。」

教授就這樣永遠離開了他曾經深愛著的世界。那位助手為此非常後悔，甚至自責了整個後半生。

古人說的好，天生我材必有用，每個人都是最優秀的，關鍵在於如何認識自己，如何發現和重用自己。為了讓自己活得更好，那就要求我們不要忽略了把自己看高一點這件小事。其實，只要你認為你有這個能力，那麼這個世界上沒有什麼位置，你都可以有資格去占有的，什麼樣的好東西都可以爭取享用。一旦你別把自己看得太低，你會發現你的人生道路一下子變得豁然開朗了。

不管你從事的哪一種行業，擔任什麼職務，不必過於謙虛客氣，適度自抬身價吧，只要「抬」得成功，就會從中受益。你以後的身價只會上升，不會往下掉，除非你不自愛而自甘墮落。自抬身價還有另外一個好處——肯定自己，並成為督促自己不斷進步的動力，因為身價抬上去了，你就應該使自己各方面都跟上去，否則你的身價就保不住了，他人也會看不起你。

天將降大任於斯人也。對於現代人來說，我們就應該把自己看高一點，充分運用自己的智慧，付出辛勤的勞動，去盡享人生的美妙之感。對於生活，我們應該有更多更高的追求，只有這樣，我們才有激情和動力去找出我們自身的「金礦」。

【小提示】

請不要受世俗觀念的影響，要相信你不是一個一無是處能力低微的人，你應該在自己心裡裝一面放大鏡，將心中的那個渺小的「自我」照大一些，從此，你的人生就會走出困境，邁上展示自我價值的成功之路。

第八章　小念頭帶你找到人生新境界

你需要用小的改變，讓你的人生昇華。你的人生就在這百分之一的改變中，有了百分之百的不同。

丟下複雜，簡單一下最美

有很多人總是感覺自己活得很累，一天到晚感覺身體的疲憊，身心俱疲，甚至吃不好睡不好，寢食難安，原因很簡單，那是因為他們總是想得太多，思想太複雜了，想睡都睡不著。

他們之所以一直都處在煎熬之中，生活在「亞健康」的狀態中，原因就是因為他們忽略了一件小事：簡單生活。

複雜的社會、複雜的生活，使人活得很累；而複雜的思想，會滋生種種煩惱、妄想。相反，生活簡單、思想單純，會使人輕鬆、自在。

哈莉是在美國讀書時認識自己的丈夫傑克的，畢業後，他倆很快就結了婚，並在美國紐約各自找了一份工作。

然而，美國紐約這座國際化大都市的步伐太快了，每天都在發生著巨大的變化。哈莉和傑克想在美國落地生根，的確是一件不容易事情，面對很高的房價、驚人的消費，這讓哈莉和傑克每天都在繁忙之中。

他們計劃在三年之內，在紐約市中心的繁華地段買一所大房子，買一輛豪華轎車，然後他們開一家自己的公司，進軍矽谷。

他們還想有自己的一家咖啡館，平常的時候可以坐在自家的咖啡館裡喝喝咖啡，他們還想去夏威夷度假……總之，傑克和哈莉想過一種上流人士的生活，沒事的時候可以去打打高爾夫球，開一場雞尾酒派對。

可是要達成這樣的心願，需要一大筆的錢，然而傑克和哈莉兩個人一個月的薪資加起來，也買不到市中心一間幾坪的房子。

因此，哈莉和傑克每天辛苦工作，經常加班，並且在公司裡，為了能夠升遷，傑克和同事之間勾心鬥角，小心提防，而且傑克也時常向上司打別人的小報告。

傑克有時向哈莉抱怨：「現在競爭是如此的激烈，我每天都在想盡辦法得到上司的歡心，爭取客戶的信任，每天都在絞盡腦汁工作著，這樣的生活簡直太累了！」

「是啊，每天要做一大堆資料，還有陪著老闆應付各種的應酬，我的嘴巴都快說破啦，腦袋快要想爛了。為了能漲一點薪水，我必須要讓老闆活得開心。」

一天，傑克在一次見客戶的路上，路過一座香火鼎盛的寺廟。於是，傑克帶著一身疲憊，走進了這座寺廟。在寺廟裡，傑克遇見了一位得道高僧。

傑克和高僧閒聊起來，傑克說自己過得一點也不幸福，每天都在想各種事情，應對各式各樣的人，每天簡直糟糕透了。

高僧笑了說：「那是因為你每天都處在了一個複雜的環境之中，想了很多複雜的事情，接觸了很多複雜了人，就好比你是一條生活在渾水中的魚，迷失了自己。其實，你想過得幸福一點都不難，那就是拋開一些複雜的俗念，讓自己變得簡單起來，把周圍的一切看得簡單起來，就好比是一條生活在清水中的魚，自然你就幸福起來了。」

傑克回到家，把高僧說的話說給妻子哈莉聽。兩人一起想著高僧的話，忽然覺得他們的不幸福是因為忽略了生活原本應該簡單這件小事，把自己帶進了複雜的迷霧中。

於是，傑克和哈莉決定在鄉下買一棟便宜的房子，換了一份競爭小的工作，每天不必匆忙上班，不必想著和同事去競爭，而是清晨的時候，可以呼吸林邊的新鮮空氣，在上午的時候沖一杯咖啡，晚飯後一起去公園散散步。

忽然，傑克和哈莉覺得生活變得愜意多了，也幸福多了。

幸福並不複雜，獲得快樂的方法也很簡單，就是將生活和現實及價值相結合，充分利用有限的時間、精力、金錢，並將它們運用到舒適、有意義的生活方式裡。

那些住在貧窮鄉村的人們，並不像我們想像的那樣生活得黯淡無光，相反，如果生活中出現大的變故，他們甚至比都市中的人活得更快樂、自在。

原因就是在於他們選擇了簡單而充實的生活：工作、社交、休閒，如此而已。

想一想，我們有多久未注意到日出日落，有多久沒注意陽臺上那盆花的開落。因為我們太忙，以至於忽略就在我們身邊的美麗和感動。

這種簡單快樂很容易獲得，無論你是富有還是貧窮，無論你在城市還是在鄉村，你都可以享受非物質方面帶來的快樂與幸福。

【小提示】

現在的都市人，大多覺得活得很累，原因是什麼呢？社會太複雜，生活太複雜，心理太複雜。

複雜的社會、複雜的生活，使人活得很累；而複雜的思想，會滋生種種煩惱、妄想。相反，生活地簡單、思想單純，會使人輕鬆、自在。

養一份豁達的心態

人的一生，難免會遇到一些不幸的事，比如：考試落榜、愛情失敗、事業受挫、病魔侵襲……面對這些人生的挫折和苦難，有人為此沉淪，從此悲苦一生，而有人只是一笑而過，依然微笑前行，活出人生的幸福。為什麼有些人很容易被困難擊倒，而有些人卻能在艱難困苦中前行？這其中的祕密，就在於後者比前者多了一份豁達的心態。

人生不如意者十之八九，人只有具備了笑對一切的豁達心態，才不會被挫折和不幸打倒，才不會陷入痛苦的深淵裡不可自拔；只有悲傷藏在微笑底下，才能活出幸福的自己，才能奏響人生幸福的最強音。

「不以得為喜，不以失為憂」，是一種非常良好的心態。這種心態的優勢是專注於自己的事情，不因一時得失而憂心忡忡或興奮狂跳。也不要大喜大悲，那樣會使我們失去冷靜。

我們不要忽略了生活需要一種豁達的小念頭，要以一種豁達的心態去面對一切。豁達是我們的導向，它能把我們從痛苦中引領出來，對痛苦微笑，坦然面對不幸。

她原本有一個幸福美滿的家庭：丈夫溫柔體貼，兒子聰明可愛。可是在兒子十歲那年，一場疾病奪去了他尚未成年的生命。中年喪子的打擊使她悲痛欲絕，她整日以淚洗面，對於丈夫和親朋好友的勸導，她也置之不顧。最後，她還決定放棄工作，離開家鄉，把自己藏眼淚和悲憤之中。

就在她整理兒子的遺物時，突然看到兒子以前的日記本，淚眼朦朧中，她打開來一篇篇往下看，一直看到兒子生前寫的最後一篇日記，上面有這樣一段話：「我永遠也不會忘記那些媽媽教我的真理：不論活在哪裡，不論我們分離得有多麼遠，你都要豁達一點，要像一個男子漢一樣承受所發生的一切！」

她把那篇日記看了一遍又一遍，覺得兒子就在她的身邊，正對她說：「你為什麼不照你教給我的辦法去做呢？撐下去，無論發生什麼事情，都要繼續過下去！」

於是，她開始振作起來，回到正常的生活軌跡，並開始友善對待身邊的每一人，久違的笑容也再次回到她的臉上……

三年後，她和丈夫又生了一個兒子，看著丈夫幸福的表情，看著兒子可愛的笑臉，她覺得自己的人生又重新翻開了嶄新的一頁。

人生的幸福，首先要修練一份豁達的心態。縱觀人世間，很多人的人生之路都不是一帆風順的，有的甚至是充滿坎坷。有一份豁達的心態，你就會把人生的困苦踩在腳下；有一份豁達的心態，你就會擁有尋找幸福的力量；有一份豁達的心態，你才能擁有容下幸福的空間。

在沉重的打擊面前，需要有處事不驚的豁達心態，這樣就能戰勝沮喪，化坎坷崎嶇為康莊大道。你可能一時丟掉了原本屬於你的東西，或是錯過了一次機會，但是，在精神上絕不能失望。冷靜而達觀，愉快而坦然，是成功的催化劑，是另闢蹊徑、迎接勝利的法寶。

無所欲，無所求，只願有個好的體魄，有個幸福的家庭，衣能裹體，食能飽腹足矣。這是一種超境界的豁達心態。

摒棄世俗的偏見，豁達、灑脫，無憂無慮的承受人生百味，爭取做到富不狂，貧不悲，寵不榮，辱不驚，真正擁有一顆健康、平和的心態，痛痛快快地享受人世間的陽光和溫馨。

【小提示】

毋庸置疑，只要人始終都能以豁達的心態笑對人生，那麼，就能讓痛苦與煩惱遠離自己，能將一切挫折和坎坷錘煉成通向平安和幸福的階梯。

即便你遇到了再難的事情，哪怕已經絕望到了極點，這時你千萬別忽略了想開點這件小事，一旦讓自己的心境放開，那麼心中的那個死結就自然會鬆散起來，這樣就算是再大的心結，也會被你解開。

不美麗，要活得漂亮

「愛美之心人皆有之」，尤其是在現代社會中，人們往往更是會把自己的目光，都聚焦在了俊男美女的身上。如果你不帥也不美麗，那麼你走在大街上就很難賺到回頭率。其實，長得好看也是一種優勢和本錢，會在人際交往、婚姻等事情上博得他人青睞，激起他人的熱情，事情往往容易處理，會給你在生活中帶來很多的便利。相反，如果你長得不美麗，那麼你會因為長相失去很多機會，就沒那麼「好運」了，他們甚至會處處碰壁，心灰意冷，苦惱不堪，羞於見人，自卑心理嚴重。這就是心理學家口中說的「美貌效應」。

可是芸芸眾生中，天生尤物畢竟少數，潘安之貌的人也是屈指可數，大多數人都是相貌平凡的人，可是絕大多數人都非常苦惱，有的人甚至不惜一切代價去整型。其實，這些人只是忽略了一件小事，一個小小的心態，那就是人可以長得不漂亮，但是卻可以活得漂亮。因為活得漂亮並不靠天生麗質，而是靠一種心境。

作為一個年輕女人，擁有「沉魚落雁」、「羞花閉月」的容貌是每個女人一生的夢想，可是往往這樣的夢想是可遇而不可求的，都市白領的阿琳就是其中之一。

阿琳是一位很時尚的女性，又是頂尖大學畢業生，唯一讓阿琳苦惱的就是自己的外觀。不足一百五十公分的身高，臉蛋也長得不好看，上面還有一些雀斑，苦笑著自嘲：「有人說女孩子都是從天而降的天使，可我似乎是掉下來時臉先著地。」

為了自己的容貌，阿琳可沒少花工夫，買最高級的保養品，平時也是濃妝淡抹以後才出門，然而即便打扮得再花枝招展，也還是比不過公司裡那些高挑美麗的同事們。

儘管阿琳做事能力強，學歷高，舉止文雅、大方、得體，很有些大家閨秀的味道，但是阿琳內心深處永遠留著一個死結，這個死結讓阿琳非常的自卑，有時候一個人在家對著鏡子哭泣。

阿琳在眾多的女職員中無論是文筆還是思維敏捷性都是首屈一指的，而且她是中文系畢業，條件可謂得天獨厚。然而，在分配具體工作時，一些重大的採訪節目、學術交流活動等露臉的工作，上級總是派年輕漂亮的女孩子去做，而阿琳永遠是坐在辦公室角落裡，做著最繁雜、最瑣碎的事情。

有一次，阿琳在家看一個相親節目，節目裡一個長相醜陋的女孩竟然被一個小帥哥給選中了，當主持人問這個帥哥為什麼選中這個長相不漂亮的女孩時，小帥哥回答：「的確，雖然這個女孩在相貌上沒有其他女孩漂亮，但是你沒有看到她是所有人當中活得最漂亮的一個？活得漂亮才是女孩最大的美麗。」

帥哥說完，所有的人都給了他最熱烈的掌聲。

對呀，阿琳想到，既然自己天生就是一個「醜小鴨」，那麼何必每天都想著做「白天鵝」呢？人的五官、身材大部分由遺傳因素決定，美醜很難自選，這是無法改變的事實，何必把自己陷進苦惱之中，無法自拔呢？

從這以後，阿琳有了陽光的心態，每天昂首挺胸，不再去想自己的美醜了，而是把每天的工作做得最好，把一天都活出自己的精彩。

女人的魅力並不以身材和臉蛋為必要條件，如果你舉止文雅，談吐機敏，裝束雅致，雖然長相平平，但是照樣可以活出自己的精彩。

有些人生來相貌也談不上英俊瀟灑，但是卻能實現自己的理想，對自己充滿著信心，那是因為他們沒有忽略一件小事，那就是活出自己的精彩，活出自己的漂亮人生。

一種缺陷，如果生在一個庸人身上，他會把它看作是一個千載難逢的藉口，竭力利用它來偷懶、求恕、示弱。但如果生在一個有作為的人身上，他不僅會用種種方法來將它克服，還會利用它闖出一番不平凡的事業來。但願那些深為自己的相貌不佳而苦惱、自卑的人，能從這句話中得到啟迪，甩掉包袱，振作起來，重新塑造一個美好的形象。

【小提示】

「失之東隅，收之桑榆。」自己相貌不佳，是一個「弱項」，但是改變一種小心態，從才華、事業、氣質等方面來彌補自己的不足，就會活出自己的美麗，贏得別人的青睞。

樂觀是幸福之源

人生有高潮也會有低谷，有成功也會有失敗。世界上沒有人是常勝將軍，也沒有一個人會永遠倒楣。當我們走在人生的高峰，取得成功的時候，我們周圍的人可能給我們的是鮮花、是掌聲、是歡聲；當你走在人生的低谷，不幸失敗時，周圍的人可能給你的是冷眼、是嘲笑。你需要怎麼做呢？你會跌進一蹶不起的深淵嗎？其實問題很簡單，失敗乃是成功之母，任何時候你都不要忽略了樂觀這個小念頭。

很多時候，一個人的苦樂成敗，不在於事情的本身，而是在於自己的心態和看待事物的角度，如果你用悲傷的眼光看待失敗，那麼你的生活就會暗無天日，如果你這時再容易受到環境的影響，這或許是給你雪上加霜，讓你永遠爬不起來，跌進泥坑中失去掙扎的勇氣，阻擋了你以後階段的人生中前進的腳步。

成功學家拿破崙希爾（Napoleon Hill）說：「不管如何失敗，都只不過是不斷茁壯發展過程中的一幕，應該保持一種樂觀的心態，因為成功是由若干步驟組成的，挫折只是其中的某個步驟而已。」

一九八〇年代，百事可樂公司迅速崛起，可口可樂公司遇到了銷售危機。可口可樂公司受到了百事可樂公司的競爭，銷售市場大面積縮水，為了扭轉不利的局面，安傑諾．羅伯特．科恩臨危受命，接管可口可樂公司。

羅伯特．科恩採取的行銷策略是更換可口可樂的口味，老可口可樂的酸味變成甜味，然後冠名為「新可口可樂」，並在各大媒體做廣告，進行宣傳。然而，在新的行銷策略中，羅伯特犯了一個嚴重錯誤，因為他沒有考慮到人們早已經習慣可口可樂的酸味，並不習慣甜味的口味。

結果，新可口可樂並沒有使可口可樂公司成功擺脫困境，反而成為了繼美國著名的艾德塞汽車失利以來最具災難性的新產品，而且還賠上了一大筆宣傳費用。最後在迫不得已的情況下，「老可口可樂」重新登場，改為「古典可樂」。

然而，羅伯特的失敗無疑是讓公司雪上加霜，那些期待他成功的人對他十分失望，更有很多人在嘲笑他，最後面對周圍的一片嘲諷聲，飽受攻擊的他黯然離職。當羅伯特離開可口可樂公司以後，他甚至不敢出門，也不敢與公司中的任何人交談。對於那段失敗的日子，他回憶到：「那時候我真的快崩潰了！」

經過一段時間後，羅伯特終於想通了，為什麼要懼怕這些失敗呢，既然失敗已經不能夠改變，難道自己要一輩子窩在家裡嗎？

羅伯特換了一種樂觀的心態，保持一種積極的心態，他決定捲土重來，從跌倒的地方重新爬起來。

他在亞特蘭大租了一個地下車庫，和一個人合夥開了一家諮詢公司，他每天對著一臺電腦、一部電話和一部傳真機，給一些大公司提供一些諮詢服務。

公司開始慢慢壯大，並且為微軟、福特公司這些大公司策劃了一個又一個發展策略，擁有了一大批客戶。

最後，諮詢領域裡，羅伯特的公司很快名聲在外，成績斐然，甚至連可口可樂也來向他諮詢，希望他能重新回到可口可樂公司。可口可樂公司總裁也承認：「我們因為不能容忍羅伯特一時的失敗，就去嘲笑他，而是要學習他樂觀的心態，敬佩他。」

人生在世不如意事常八九，難免會有各種的挫折和失敗，要知道挫折與人生相伴，挫折普遍存在，難以避免。

這時，如果你不能保持觀心態，你就會被拖入失敗的泥潭。

如果你能保持一份彌勒佛的樂觀心態，以樂觀的心態面對任何事情，那麼你也許就不會沉浸在失敗的黑暗之中，甚至還可以創造出另一個機會，此時成功也不會離你太遙遠。

當你失敗時，千萬別忽略了樂觀的心境，你只要樂觀面對，堅持走自己的路，就一定會走出低谷。下一站，你會成功！

【小提示】

人的一生，就像一趟旅行，沿途中既有數不盡的坎坷泥濘，也有看不完的風景。我們既能坦然地享受幸福、快樂、希望、陽光……也要學會樂觀地面對憂愁、絕望、不幸、黑暗……

樂觀是一種心態。一個人如果擁有樂觀的心態，就會幫助他走出生活的困境，活出一個全新的自我。

在平淡中感受生活

有人曾比喻：「人生就像一個五味瓶，裡面包含了太多的滋味。」有的人甜、有的人苦、有的人酸、有的人辣，這些太多的感受讓我們覺得生活的沉重和壓抑。金錢、名譽、地位等在不停誘惑著我們，於是人總是東奔西走，想要的東西太多，眼睛盯著浮華世界裡的功名利祿，到死才發現得到的東西很多，丟了的東西更多。

其實，生活不需要太多的「重口味」，之所以你會大悲大喜，那是因為你忽略了生活平淡這種小念頭。

有一對青年，婚後的生活美滿幸福，並且有了一個可愛的女兒，朋友們都非常羨慕他們。

可是，婚後不久，青年的妻子覺得這樣的生活過得一點趣味都沒有，她嚮往過豪門望族的生活，整天在家裡唉聲嘆氣，抱怨聲不斷。

於是，青年告別了妻兒老小，終年奔波在外，千方百計賺錢。剛開始的時候，妻子感到生活非常滿足，可以買各種喜歡的東西，住進了一所大別墅。閒的時候，可以進出各種高級娛樂場所，累的時候，出去四處旅遊。

青年經過多年的打拼，擁有了自己的一家公司，自己當起老闆，開豪華的轎車，並把妻子和孩子帶進了都市。

然後，幾年後，青年的妻子各種生活都享受過了，漸漸發現現在這種虛榮繁華的日子更讓人累，丈夫一天忙到很晚，有時候甚至徹夜不歸，妻子一個人獨守空房，感到家庭冷清沉寂，儘管有了更多的錢財，卻無異於生活在鑲金鍍銀的墓穴中。

後來，有一天青年深夜才回到了家，衣衫不整，垂頭喪氣，彷彿一下蒼老了十歲。原來他的一筆生意出現了重大的問題，公司破產了。

當妻子看到丈夫的那一刻，她什麼都明白了。

青年像孩子似的撲進妻子的懷裡，泣不成聲說道：「完了，一切都完了，我的心血全被榨盡了，我沒有活路了，我的路走完了，我後悔死了，我們的好日子到頭了，我再不能給妳大房子住了。」

妻子滿是憐惜看向丈夫，仔細聽完了丈夫的哭訴，然後，她用手輕撫他的頭髮，臉上露出了幾年來從未有過的微笑，說：「沒關係，其實這一切都是我的錯，我貪慕燈紅酒綠的生活，是我當初把你逼出了家門。現在想一想，那時候平平淡淡的生活也未必不是真正的幸福。現在好了，我們又回到了從前，這是我們全家真正幸福生活的開始。只要我們辛勤勞動，安居樂業，平平淡淡，一切會感到幸福的。」

青年聽了妻子的一番話，雙手緊緊抱住妻子。第二天，青年把他們豪華的房子抵押給了銀行，補上了債務，一家人回到了當初的小鎮。

從此以後，夫妻二人帶著孩子辛勤勞動，共同經歷風雨，雖然沒有從前過得大富大貴，但卻充滿歡聲笑語，重新找回了昔日生活的美好，也懂得了生活平淡的趣味。

生活需要有滋有味，需要金錢、地位和權力，但是我們不能因為這些而迷失了自己，失去了原本的生活，

過分地追逐常會使人喪失理智、感情淡漠、心性冷酷。只有平淡處事，正確對待這些身外之物，才可活得舒心自然，體會活著的真實意圖：人生不是為了轟轟烈烈而活，活得跌宕起伏，而是在平平淡淡中隨著時光的流逝，讓自己感受快樂和幸福，體味最初的美好。

【小提示】

平平淡淡才是真。人生無需所求太多，口袋裡的鈔票夠花就行，家裡的房子溫馨就行。追求太高，慾望太高，往往就像打腫臉充胖子，表面看著風光無限，卻丟了快樂、幸福和自由，所以無論什麼時候，別丟了嚮往平淡的心境。

放下是一種情懷

常聽到人感嘆活得太累，負擔過重，但不知你有沒有想過，這負擔都是你自己加上的，你每天到晚總是忙這忙那，忙著社交應酬、忙著謀求地位、忙著爭奪利益……也許你可能會說，人活著不就是為了這些而奮鬥嗎？然而，當我們過得並不舒暢的時候，千萬別忽略了一件小事：學會放下。

因為人生之中有些幻想是不切實際的，有些目標是難以實現的，學會放下，放下那種毫無意義的拼搏和沒有價值的索取，會給你節省更多的奮鬥動力和生命的活力；放下為金錢地位的搏殺，放下奢侈生活的創造，會讓你得到更多的時間去感受生活的美好。

如今是一個面對紛繁複雜的世界和物欲橫流的社會，更需要我們懂得放下，學會用樂觀、豁達的心態，去對待沒有得到的東西，如果能夠這樣，每天就會有快樂和愉悅的心境伴隨左右。如果你忽略了放下這件小事，一天到晚只會焦頭爛額亂衝，不僅最終未能達到目標，而且還陷於得失的苦惱之中。

誠然，有時候放下對你來說，是相當痛苦的，那是因為你平時經常忽略它的緣故。有一首老歌，歌詞最後幾句是這樣的：「原來人生必須要學會放棄，答案不可預期；原來結果最後才能看得清，來來回回何必在意。」

有一位青年感受到生活的壓力很大，最近又遇到了一些不順心的事情，讓他變得非常憂鬱、消沉。

有一天，他去海邊散步，碰巧遇到了一位心理醫生，兩個人就坐在海邊的岩石上聊天。

在閒談中，青年不知不覺中，向這位醫生吐露了他在生活、社會及愛情中所遭受的種種煩惱，這些就像心口上壓著的石頭，讓他感到呼吸困難。他希望這位心理醫生能夠幫他解脫痛苦，斬斷一直在他心中糾結的煩惱。

心理醫生只在一旁靜靜聽著青年的抱怨，也沒有提出任何建議或者辦法，只是看著遠方的大海。

等到青年停止了說話，他自言自語說：「你看這海上那艘裝滿貨物的船，在大風中行駛得好慢啊，就像一隻蝸牛爬行一樣。」

青年就轉過頭看海，看到一艘船，吃力得在風中順風行駛，雖然船上的帆快要被大風脹破了，可是貨船還是舉步維艱，行駛緩慢，原因可能因為船上的貨物太重了。

青年看了一眼，隨即又轉回去了，他以為醫生朋友並沒有聽懂他的意思，於是就加重語氣訴說自己的種種痛苦，生活中的煩惱、愛情的坎坷、社會的弊病、人類的前途等等問題已經糾結得快要讓他發狂了。

這時，心理醫生又看著海面說：「快看，這艘船跑得真快啊，就像一隻飛出去的箭一樣，乘風破浪呀。」

青年聽了心理醫生這麼一說，又朝這海面看了一眼，只見一艘船，只裝載了幾箱貨物，快速地乘風而去，眼看著就快要追上剛才那艘滿載貨物的船了。

心理醫生這才開口：「你有什麼辦法能讓第一艘船不被這一艘追趕上嗎？」

青年不明所以，回答：「這還不簡單，當然是丟掉一些貨物，第一艘船裝得太多了，超載了。」

心理醫生聽完，哈哈大笑：「是啊，你說得很對。第一艘船因為不懂得放棄一些東西，所以顯得步履維艱，而第二艘船懂得放下一些貨物，所以跑得飛快。那麼你現在不就是那艘載滿貨物的船嗎？」

聽完心理醫生的話，青年恍然大悟，連聲向醫生朋友道謝，說完就離開了。

心理醫生看著青年走時神采奕奕，好像對生活充滿了希望，不見了當初的消沉、頹廢，不由露出了會心的微笑。

解決生活乃至生命的苦惱，並不在苦惱的本身，而是不要放棄放下的心態。人們只有學會放下心的紛擾，才不會被外在的苦惱所困厄，因此要解脫煩惱，得到自我意念的清淨。

在人生的一些關口，我們的生命中會長出一些雜草，侵蝕我們美麗豐富人生的花園，搞亂我們幸福家園的麥地。

學會放下，是對圍剿自己的藩籬的一次突圍，是對消耗你精力的人事有力的回擊，丟掉那些不值得你帶走的包袱，拿掉拖累你的行李、配件，你才可以簡潔輕鬆地走自己的路，人生的旅行才會更加愉快，你才可以登得高行得遠，看到更美更多的人生風景。

【小提示】

放下那些不適合自己去充當的社會角色，放下束縛你的世故人情，每天讓自己沉靜幾分鐘，不要隨著外在事物流轉而變動，不要放下洗滌自己、淨化自己。把心放在可以安定的位置，任憑風浪起，你都會「穩坐釣魚臺！」

看見曙光，心懷希望

生命本身就是一個循環過程，不斷進行著新陳代謝。人在呼吸的每一瞬間，既是他自己，又不是他自己。人要時時更新自我，不眷戀舊我，不追悔往昔。「往者不可諫，來者猶可追。」吐故納新，讓生命之樹常青。很多時候，我們覺得生活並不如人意，人生太不幸了，那是因為我們總是抱著絕望的心態，而忽略了希望這件小事。

世上沒有絕對的絕望，即便再絕望的事情都還是有一絲希望的。

英國著名浪漫主義詩人拜倫（George Gordon Byron）說：「不要迷失了你的眼睛，忽略你身邊的希望，珍惜你現在所擁有的生活是最重要的。」的確如此，當命運無情捉弄了你，當你的生活變得一無所有，當你的肢體變得殘缺，當你失去了親人和朋友，不要絕望，不要放棄。因為這一秒，你還活著。看看那些為了生存苦苦掙扎的人，他們都在為了生活努力勇敢走下去。拋棄墮落和脆弱的念頭，只要活著，就有希望！

風雨過後的彩虹是這世間最美的景觀，從不幸中得以存活是最大的幸運。從貝多芬的《英雄交響曲》、阿炳的《二泉映月》、曹雪芹的《紅樓夢》中感悟人生，你就會發現，在種種對於生命的描繪中，最值得回味的是生命最低谷處奏起的昂揚旋律……當不幸降臨到你的頭上，當絕望出現在你的面前，怨天尤人是沒有用的，悲觀頹廢也是於事無補，那樣只會讓你失去求生的信念，如果是這樣，你就真的完了。只要沒有忽略掉心中那片小小的希望，你的心就會不死，並採取積極地行動，就有東山再起、捲土重來的機會！

小小的希望猶如星星之火可以燎原，會讓一切不幸都化作過眼雲煙！

三十歲的陶安福和妻子住在一間六十坪的房子，夫妻兩人在一家建材廠工作，兒子在上國小。雖然日子過得不是很富裕，但是一家人也過得充實簡單。

一天下午，正在工作室工作的陶安福忽然感到機器抖動了起來。剛開始，他沒想到是地震，當他看到外面的房屋正在坍塌時，才猛然反應過來，是發生地震了！陶安福大喊一聲：「快跑，地震！」就一把拖著同在一個工作室的妻子往外跑。

陶福安和妻子剛跑到外面，接著一陣撼天動地的地震隨後而來，很多廠房瞬間倒塌了。陶安福夫婦還沒等地震過去，就朝著孩子上學的學校跑去。萬幸的是在地震發生的時候，學校及時疏散，學生們被安全轉移到了操場上，有驚無險。

地震平息後，當陶福安帶著妻子孩子回到家，看到自家的平房全部倒塌了，成了一堆瓦礫。

房子塌了，陶福安一家沒有了安身之處，而且他們工作的廠房也塌了，陶福安和妻子工作也沒了。

妻子望著眼前的一片狼藉，一家人陷入了絕望之中，沒有了房子，沒有工作。

為了保證安全，陶福安決定帶著妻子和孩子回到地處偏遠的老家。由於山體滑坡塌方堵塞了公路，他們就沿著山間小道走，經過嚴重的滑坡地帶時，他們先爬到山上，繞過滑坡，一路跋山涉水，經歷艱辛，終於回到了鄉下的老家。

可是令他們沒有想到的是，由於長時間沒回來，老家的房子已經被土石流掩埋了。真是屋漏偏逢連夜雨，疲憊的一家人陷入了絕望。

就在這時，一輪朝陽從山頂破雲而出，映著朝霞，把陽光灑遍了大地。這讓陶福安精神為之一振，他對妻子和孩子說：「我們應該深感慶幸，感受到了生命的寶貴，這眼前所有的困難都不算什麼了。因為我們還活著，只要我們活著，就別忘了希望。只要活著，就有希望。我們一定會憑藉自己的勤勞的雙手，努力開創嶄新的生活。」

聽完陶福安的話，妻子心中也燃起了希望之火。後來，陶福安一家重新回到了城市，重新找到了工作。

在政府的幫助下，幾年後，他們貸款買了一間新房子。

生命太過寶貴，每天都有很多無辜遭難的不幸的人，但是這些不幸的人最終卻變成了可悲的人、可憐的人，那是因為他們忽略了點燃心中那一點希望之火。

詩人里爾克（Rainer Maria Rilke）說：「有何幸福可言？希望就意味著一切。」當理想遭遇現實的困擾，生命難道就可以被放棄？不是這樣的，再困難的時候都不能忘記希望這樣的心境，因為有了它，會讓你不畏艱難、不怕挫折，敢於劈開荊棘、踏平坎坷，再一次綻放出絕美的生命之花。

【小提示】

有人說：「人生只有三天，我們可以沉浸在昨天的迷惑，盲目於明天的等待，但是千萬不能忽略了今天的希望。希望便是今天每分鐘的機會，它會帶你給重生。昨天不過是歷史，明天只是幻影，把希望留給今天才是最踏實的。也許有一天，你會突然發現：幸福已經在你面前綻露出迷人的微笑，因為你活在今天，因為你沒有忽略今天要保持希望的心境。

太匆忙，何不帶著品茗的心境

有時我們會感慨生活是如此的匆忙，早晨六點起床，快速洗漱，簡單吃個早餐，然後匆匆出門。朝九晚五工作，應付上司、同事、廠商、客戶和顧客。桌上還有一大堆檔案等著處理，一天都沒有停歇。

於是，我們是不是每天要從這樣沉重的生活工作中，發出一聲聲嘆息，其實不然。如果你真的是這樣，那是因為忽略了生活的心境，所以沒有發現僅僅離它們幾步之遙的嶄新的世界。

當你看到車水馬龍、繁華街道的一隅，你可能會看到一片的匆忙，但是你是否看到了有一條幽靜的小巷，在茂密樹林虛掩著的林間小道的拐角處，這是一處鬧市中幽靜的所在，它靜靜在那裡等候你的到來。

白天的工作是如此的煩累，下班後你是否找了一家老茶館，黃昏時以一兩盞閃爍的燈光，來呼喚著你來前去小憩。當茶館中一壺龍井的清香隨著熱情彌散在你周圍的空氣時，你可以靠著窗臺，一天的疲憊和滿腹的煩悶都會慢慢沉下去，消融在這一片閒淡之中，猶如一首牧歌，回蕩在了你的心靈深處。

袁先生是位生意人，這幾年下來，存了有幾百萬，雖然談不上十分富有，但也不缺錢花。可是袁先生卻是一個閒不住的人，事業上雖十分成功，卻一直未學會如何放鬆自己。每天的神經繃得緊緊的，即便是離開了公司，回到了家裡，還是絲毫沒有輕鬆的感覺。

多年的打拼，讓袁先生有一所漂亮的房子，豪華的客廳，餐廳中的家具十分華麗，但他根本沒去注意它們。

他在沙發上坐了一會，電視裡的節目絲毫沒有引起他的興趣，因為他總是心不在焉的，來回地踱步，還差點被椅子絆倒。

吃飯的時候，妻子把可口的飯菜端上餐桌，還特地做了一道袁先生最愛吃的菜，當僕人把飯和筷子都擺好後，袁先生在餐桌前坐下，他的兩隻手就像兩把鏟子，不斷地把飯碗中的米飯送進嘴裡，他機械地嚼著，然後吞下。一頓飯下來，他一句話也不說，也不評價飯菜的好壞。

吃完晚餐後，袁先生立刻起身走進起居室去。起居室裡裝飾得十分美麗，有一張真皮椅子，鋪著好看的地毯，牆上掛著幾幅名畫。他一屁股坐在了椅子上，隨手拿了一份最新的報紙，匆忙地翻了幾頁，瞄了幾眼新聞的標題，然後又把報紙丟在一旁。

袁先生到了家裡，覺得無事可做，反而渾身都不自在起來，也許白天的繁忙還沒安定下來，袁先生走到電視機前，打開電視機，等到畫面出現時，又很不耐煩把它關掉。忽然，他大步走到客廳的衣架前，抓起他的帽子和外衣，走到屋外，直接去了公司，把明天的一份計畫草案擬出來，這才感到一點輕鬆。

袁先生一年下來，這樣的情況有上百次了。他沒有經濟上的問題，他的家是許多年輕人的夢想，開著豪華的轎車，家裡有賢妻和僕人伺候著，事事都有僕人服侍他，但他就是無法放鬆心情。每天他付出了辛勤的勞動，然而可悲的是，在工作結束後，他卻迷失了自己。

人應該學會調整和放鬆。你要知道應該在什麼時候放下工作，輕鬆一下子，在緊張的生活中我們要學會鬆弛自己的神經。告訴自己不要把自己逼得像個奴隸，你應該輕鬆下來。如果你發現自己正在瘋狂奔波勞累，那要趕快停下來。問問你自己這樣做有何用處，你是願意把自己逼出心臟病來，還是承認自己的有限能力，然後輕鬆下來？

生活有時需要品茗的心境，在忙碌下來以後，需要給自己一份閒適。把生活安排得充實一些，不要過分緊張，使生活的節奏適度緊張，緊張後又可以慢下來，讓自己的心回歸寧靜。

【小提示】

在喧囂的塵世，在人來人往、熙熙攘攘的塵世大道上，車水馬龍，人們的腳步匆匆，此時此刻再沒有人能夠體會悠閒二字，這時你不要忽略了品茗的心情，否則那些幽雅的情致就會離我們越來越遠了。

電子書購買

國家圖書館出版品預行編目資料

人生，就是要「小題大作」！凡事大而化之可能痛失良機！讓細節觀成就你的大局觀 / 子陽，殷仲桓著 . -- 第一版 . -- 臺北市：崧燁文化事業有限公司 , 2022.09
面；　公分
POD 版
ISBN 978-626-332-641-5(平裝)
1.CST: 修身 2.CST: 生活指導
192.1　　111012189

人生，就是要「小題大作」！凡事大而化之可能痛失良機！讓細節觀成就你的大局觀

臉書

作　　者：子陽，殷仲桓
發 行 人：黃振庭
出 版 者：崧燁文化事業有限公司
發 行 者：崧燁文化事業有限公司
E-mail：sonbookservice@gmail.com
粉 絲 頁：https://www.facebook.com/sonbookss/
網　　址：https://sonbook.net/
地　　址：台北市中正區重慶南路一段六十一號八樓 815 室
Rm. 815, 8F., No.61, Sec. 1, Chongqing S. Rd., Zhongzheng Dist., Taipei City 100, Taiwan
電　　話：(02) 2370-3310　　　**傳　　真**：(02) 2388-1990
印　　刷：京峯彩色印刷有限公司（京峰數位）
律師顧問：廣華律師事務所 張珮琦律師

定　　價：299 元
發行日期：2022 年 09 月第一版
◎本書以 POD 印製